発表会のための姉妹の服

かわいきみ子

Welcome to Our Concert!

文化出版局

Contents

（　）は作り方ページ

発表会のための姉妹の服

7	「花の歌」　シフォンをかさねたハイウエストのドレス　（56）
8	「ジムノペディ」　ボーのあるAラインのドレス　（76）
10	「幻想即興曲」　コードキルティングをはめたドレス　（47）
11	「すみれ」　胸にフリルを飾ったハイウエストのドレス　（55）
15	「春の歌」　タックをたたんだハイウエストのドレス　（50）
16	「ロング・ロング・アゴー」　フリルリボンで縁どった丸ヨークのドレス　（65）
18	「アルルの女より メヌエット」　パールビーズを刺繍したAラインのドレス　（75）
21	「いつか王子様が」　金色のコードをはめたドレス　（48）
22	「天使の声」　レースの替え衿のついた丸ヨークのドレス　（60）
24	「春の日の花と輝く」　花レースをのせたハイウエストのドレス　（58）
27	「ユーモレスク」　裾からフリルののぞくAラインのドレス　（74）
28	「金婚式」　裾からフリルののぞく袖つきのAラインのドレス　（70）
29	「アランフェス協奏曲」　白い替え衿のついた丸ヨークのドレス　（68）
32	「月光の曲」　レースとサテンをかさねたAラインのドレス　（78）
34	「エコセーズ」　タックをたたんだ別布をはめたドレス　（41）
37	「アマリリス」　レイアードの丸ヨークのドレス　（66）

40	### さあ、作りましょう！
41	前身頃に別布をはめ込んだウエスト切替えのドレスの作り方
50	ハイウエスト切替えのドレスの作り方
60	丸いヨークにタックやギャザーを加えたドレスの作り方
70	Aラインのドレスの作り方
80	パニエの作り方

はじめに

音楽を始めた小さい人がレッスンを重ね、舞台に立つ。そんな時の励ましになればと思い、前著『発表会のための少女の服』を作りました。布を探し、製図を引き、仕上げていく、という手間と時間をかける内容は、既製のドレスがふんだんに手に入る時代にもかかわらず、幸いなことに、たくさんの読者に受け入れていただきました。

あれから5年が過ぎ、その間、完成したドレスのまわりで生まれたうれしいエピソードとともに、お母さまの背を追い越した人や、シルエットがふっくらとしてきた人のためのドレスへの要望もいただきました。今回は、おたまじゃくしも数えられるくらいの初歩の音符に挑戦する幼い人から、めまいを起こしそうなくらい音符や記号が渦巻く楽譜を開く年長の人まで、幅広い年齢層の少女のためのドレスをご紹介しています。この本では、基本の四つの形からデザインを展開し、年齢や個性、演奏する曲目などに合わせて選べるようにしました。使用した布の中には細心の注意を払うものもありますが、形はどれもシンプルです。初めてドレス作りをなさるお母さまにも取り組みやすいように実物大パターンもついています。

ドレスを着るだけでうれしくなってしまう年齢を過ぎて、採寸するメジャーを何度も見直してしまうほど手足も伸び本人もそのバランスにとまどっているような少女たちは、今まで似合っていた色やデザインも変化し自己主張もするようになってきます。よく話を聞いて、作ってあげてください。演奏への高い理想のために真摯に技術を磨く姿を支えるドレス作りは、お母さまにとっても誇らしいことでしょう。

　　　　　　　　　　　　　　　　　　　　　　　　　　　　　　　かわいきみ子

発表会の舞台で
少女たちは
それぞれの個性で輝きます

ほほえまずにはいられない雨だれのような指のお稽古から始まって、

なめらかに流れる小川のせせらぎのように歌いだし、

さらには「私はこう弾きたいの」と主張する響きへ、

幼い演奏者たちは年ごとに成長していきます。

発表会は、その勉強の成果を聴いていただく、誇り高い一瞬。

まじめな日々の積重ねをいちばん身近で知っているお母さまだからこそ、

今年のその子が持つすべてを出しきれるよう、

舞台で着るドレスを準備してあげたいのです。

Welcome to Our Concert !

ランゲ
「花の歌」
シフォンをかさねたハイウエストのドレス
光沢のあるシャンタンの上に柔らかく透けるシフォンをのせて。
ハイウエストで切り替えた、ギリシャ神話のニンフのようなドレス。
スカート部分のシフォンは、サイドを縫い合わせていないので、
椅子に座ると、重ねた色彩が新芽が萌え出るように現われます。
布地　カワムラ／髪に飾ったリボン　MOKUBA
靴　伊勢丹新宿店

写真は身長130cm／ドレスの作り方　56ページ

サティ
「ジムノペディ」
ボーのあるAラインのドレス
どっしりと重みのあるサテンが、
Aラインのシルエットを美しく描きます。
前ページでごらんいただくように、
正面は裾と衿ぐりに別布をあしらった
シンプルなデザインですが、
ボーを背中で結んでシックなアクセントに。
布地　カワムラ

写真は身長140cm
ドレスの作り方　76ページ

椅子に座って演奏する楽器のとき、
ウエストの切替えは高めのほうが
きれいなシルエットになります。

ショパン
「幻想即興曲」
コードキルティングを
はめたドレス
胸のパネルにはめたのは、
コードキルティング。
2本のステッチの間に
毛糸を入れ、
レリーフのように見える手法です。
ここでは、縦に何本か入れて
ロココ時代のコルセットのように
ロマンティックな印象になっています。
布地　日本フィスバ

写真は身長150cm
ドレスの作り方　47ページ

ストーリーボック
「すみれ」
**胸にフリルを飾った
ハイウエストのドレス**

共布にギャザーを寄せたフリルを3列、
胸に飾っています。
これと前のページのドレスの素材は、
スイスの上等なカーテン生地から見つけました!
ゴージャスなギャザーが美しく生まれます。
「サウンド・オブ・ミュージック」や
「風と共に去りぬ」と違って
動機はエレガンスなんですね。
布地　日本フィスバ
サッシュに結んだリボン　MOKUBA
靴　伊勢丹新宿店

写真は身長120cm
ドレスの作り方　55ページ

上等なリボンは、少女のための数少ないアクセサリー。
ドレスの端布を持って手芸屋さんでていねいに選んでください。

メンデルスゾーン
「春の歌」
タックをたたんだハイウエストのドレス
あどけない笑顔の中にハッとするほど
青春の輝く美しさを感じさせる年齢になると、
愛らしさの表現に工夫が必要になります。
ここで使ったサージは制服によく見られる
饒舌でない素材。
切替えをギャザーではなく
タックにしたのも甘くなりすぎないためです。
基本の形は11ページと同じですが、
着る人の体の丸みに応じて、
胸のダーツを入れます。
布地　オカダヤ新宿本店
髪に飾ったリボン　MOKUBA

写真は身長150cm
ドレスの作り方　50ページ

ベイリー
「ロング・ロング・アゴー」
**フリルリボンで縁どった
丸ヨークのドレス**

あらかじめフリルの寄ったリボンを、
ヨークに1列、裾に2列とめて、
生クリームでデコレーションした
ケーキのようなドレス。
丸いヨークの端が、フレンチスリーブのように
やさしく肩を包みます。
軽やかに張りのあるシルクピケ。
　布地　カワムラ
　リボン　MOKUBA
写真は身長100cm
ドレスの作り方　65ページ

いつも上等な素材を吟味して
お菓子を焼いているように、
発表会のドレスも、
少し上等すぎるかしら、と思うくらいの布で
作ってあげてください。
だって、せっかくのお母さまの
お手製なのですから。

ビゼー
「アルルの女より メヌエット」

パールビーズを刺繍した Aラインのドレス

もうピンクは嫌い、という女の子のために、
紳士服の素材からダンディな
ウール地を見つけました。
かすかなしゃり感が、ボディから
つかず離れずのシルエットを作ります。
幾種類ものパールビーズを使った刺繍は、
だまし絵のネックレス。

布地　アライ

写真は身長150cm
ドレスの作り方　75ページ

フランク・チャーチル
「いつか王子様が」
金色のコードをはめたドレス

ネバーランドや不思議の国にあこがれて、
中世のプリンセスみたいなドレスを、という
願いをかなえてあげましょう。
胸のパネルと袖を別布にして
重ね着のように見えるドレス。
スカートの下にはパニエをはいています。
布地　オカダヤ新宿本店
胸のコード、髪のリボン　MOKUBA

写真は身長150cm
ドレスの作り方　　48ページ
パニエの作り方　　80ページ

ブルグミュラー
「天使の声」
レースの替え衿のついた丸ヨークのドレス

幅広のレースにたっぷりギャザーを寄せて
丸ヨークの上にのせたドレス。
まるで小さい翼がついた天使のようです。
レース飾りは、はずしたり、つけかえたりすると
いくつもの表情を楽しむことができます。
タイシルクは、すべらないので、
案外縫いやすい素材です。
布地　エレガンス
衿のレース　MOKUBA

写真は身長120cm
ドレスの作り方　60ページ

アイルランド民謡
「春の日の花と輝く」

**花レースをのせた
ハイウエストのドレス**

なめらかな光沢のサテンに、
同色のレースを重ねて。
レースを裁断するときは、
モチーフの輪郭が生きるように、熟慮して
パターンを置いてください。
余り布からはモチーフを一つ一つカットして
アップリケし、より立体的にします。
このサテンのような柔らかい素材のとき、
裾の折返しは
きまじめにアイロンをかけないことです。
布地　エレガンス
靴　伊勢丹新宿店

写真は身長140cm
ドレスの作り方　58ページ

このドレスが着られるだけでも
発表会が待ち遠しい、と
思える色や素材を選んであげれば、
きっとお稽古にも
励むことでしょう。

ドヴォルザーク
「ユーモレスク」
裾からフリルののぞく
Aラインのドレス

シンプルなAラインのドレスですが、
アクセントカラーの裏地を効果的に。
衿ぐり、袖ぐりはきもののふきのようにのぞかせ、
ヘムにフリルを飾りました。
背中の大きいくるみボタンもすてきです。

布地（ツイード）　アライ
靴　伊勢丹新宿店

写真は身長120cm
ドレスの作り方　74ページ

ガブリエル・マリー
「金婚式」
裾からフリルののぞく
袖つきのAラインのドレス

表地はお姉ちゃまとおそろいですが、
このお嬢さんのドレスには袖がついて、
裏地のアクセントカラーも違います。
一人では心細い初めての発表会ですが、
これなら小さい自尊心も満足でしょう?
連弾のときにはこんなおそろいもいいのでは。

布地(ツイード)　アライ
靴　伊勢丹新宿店

写真は身長100cm
ドレスの作り方　70ページ

ロドリーゴ
「アランフェス協奏曲」
白い替え衿のついた
丸ヨークのドレス

「黒が着たい」というお年ごろになった人のために、
礼服用の素材からヴェネシアンを選びました。
格調のある落ち感と光沢が、
本人は気づかない華やかさをもたらします。
サイドにはタキシードのパンツにならって
サテンのリボンを縫いつけています。
丸ヨークには、蝶ネクタイつきの替え衿をのせて。

布地（ヴェネシアン）　アライ
サイドのリボン　MOKUBA
靴　伊勢丹新宿店

写真は身長150cm
ドレスの作り方　68ページ

ベートーヴェン
「月光の曲」
レースとサテンをかさねた
Aラインのドレス

ビーズとスパングルを縫いとめたチュールレースと
同色のサテンを重ねたドレス。
前で結んだリボンはドレスの中を通しているので、
背中では2枚の布が自由に揺れて、
ニュアンスのある陰影を醸し出します。
『発表会のための少女の服』の表紙の女の子が
こんな優雅なドレスを着こなす
美しいレディに成長するなんて!
布地　オカダヤ新宿本店
胸で結んだリボン　MOKUBA
靴　伊勢丹新宿店

写真は身長150cm
ドレスの作り方　78ページ

ベートーヴェン
「エコセーズ」
タックをたたんだ別布をはめたドレス

堂々たる光沢のシルクサテンの一着。
光る素材を小さい子のために選ぶときは、
これくらい抑えた色調が
上品ではないでしょうか。
ウエストのリボンで甘さを添えて。
胸のタックは、まじめに印つけして
ていねいにステッチをかければ大丈夫。
玉レースが愛らしいネックレスのようです。
布地　カワムラ
衿ぐりの玉レース、ウエストに結んだリボン
MOKUBA

写真は身長120cm
ドレスの作り方　41ページ

「3番目に弾くのがうちの子です」
むずかしいところは手助けしてくださった
おばあさまのうれしそうな声も聞こえます。

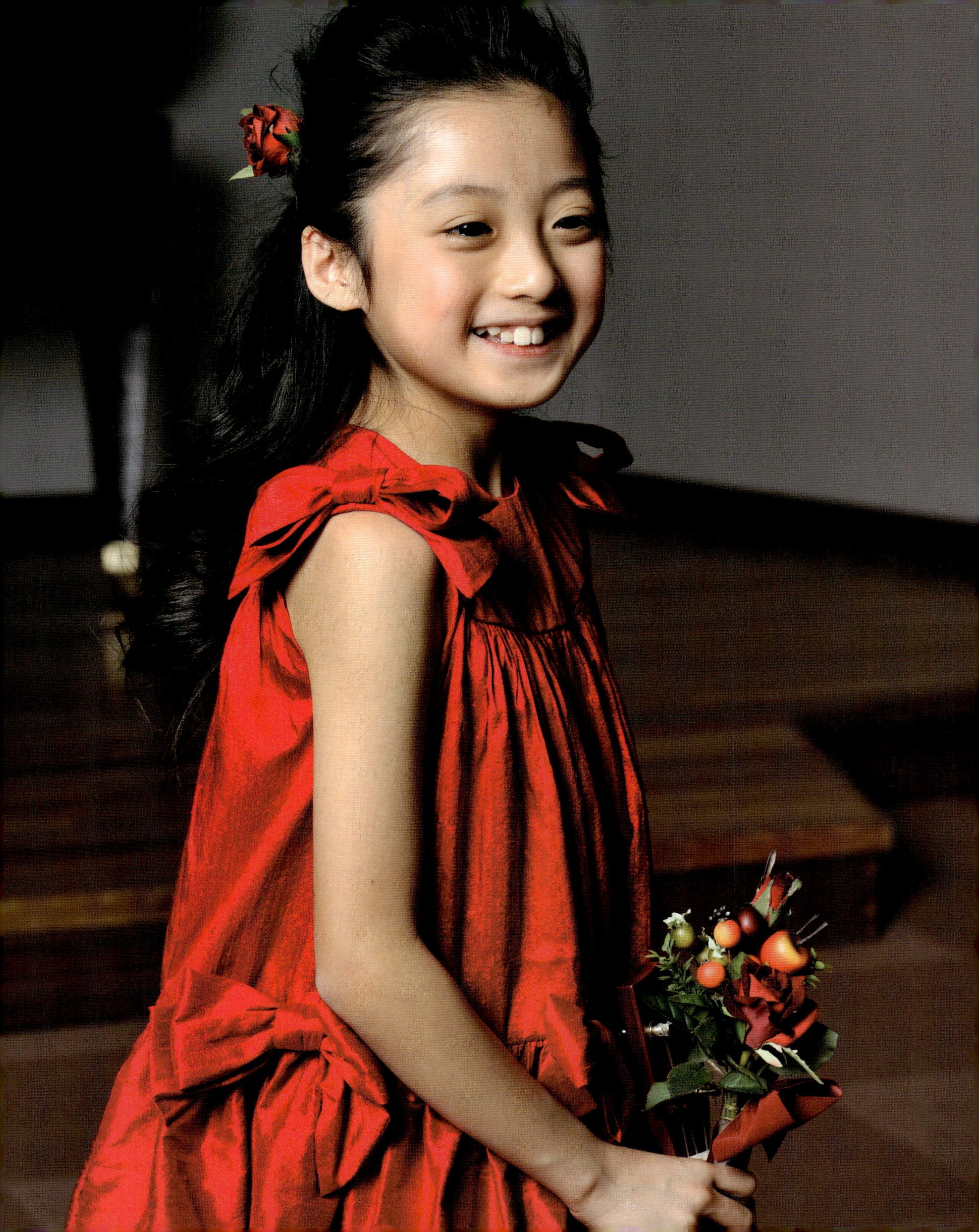

ギース
「アマリリス」
レイアードの丸ヨークのドレス
丸ヨークのドレスのスカートを途中で切り替えて、
たっぷりギャザーを入れたドレス。
共布で作ったリボンは、両肩にとめた後は、
切替え線の上にバランスを見ながら。
ステージではどちらから見られるのか、
も重要なポイントです。
ゲネプロの後の楽屋で
お母さまが縫いつけることもあるかもしれませんが、
よろしくお願いします。
布地　エレガンス
靴　伊勢丹新宿店
写真は身長130cm
ドレスの作り方　66ページ

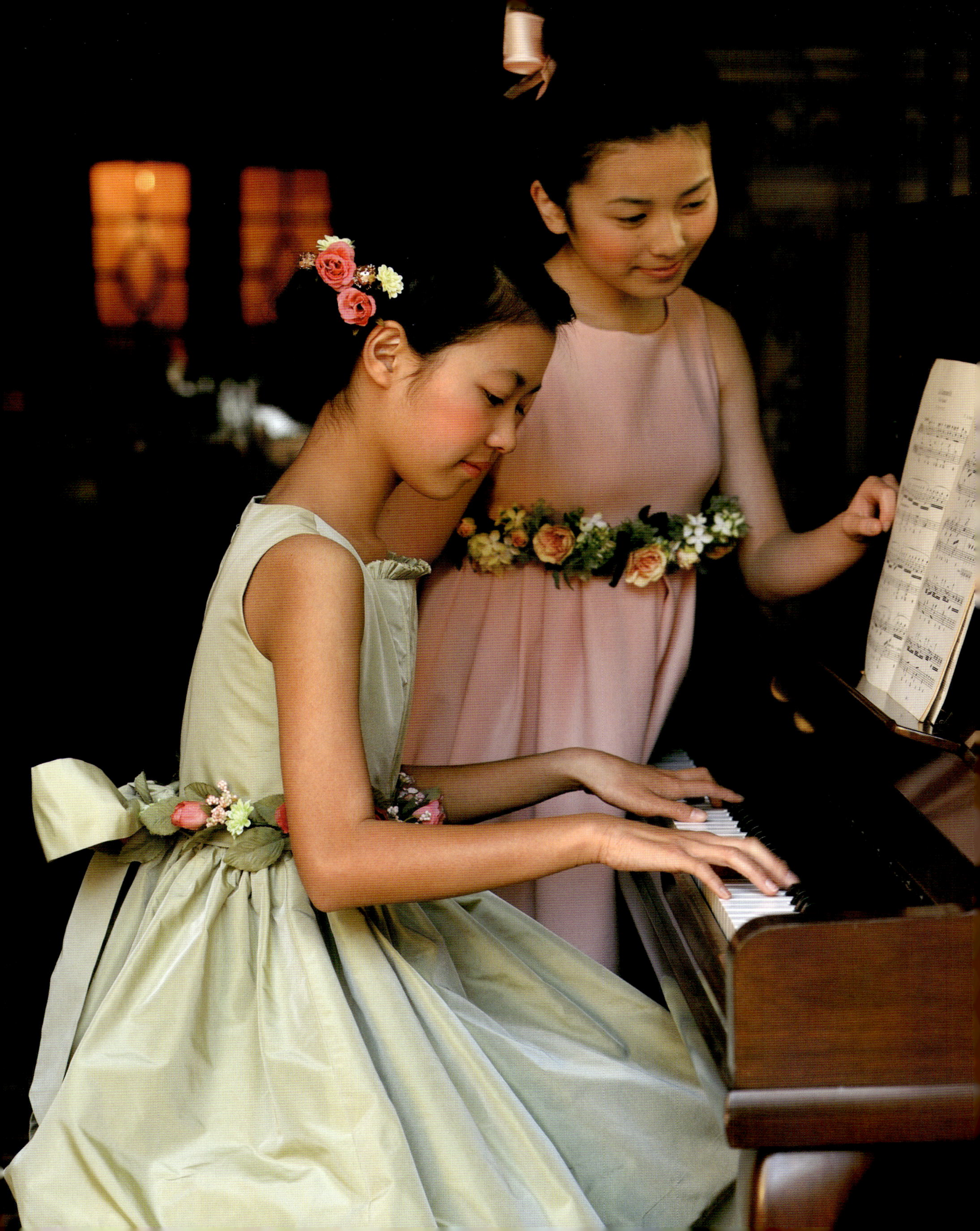

先生が選んでくださる曲目にどきどきしていたのが、
次はあの曲を弾けるようになりたい、とあこがれるようになり、
そして、自分で探した楽曲を自己主張さえするまでになる。
同じような成長が、少女のおしゃれ心にも表われます。
幼いうちに着せたいものもありますが、
個性が芽生えてきたら、そのときは耳を傾けてあげたい。
ただし、その家庭らしい装いは忘れることはできません。
発表会のドレス作りは、
お母さまが娘におしゃれを教える、もう一つの個人レッスンです。

さあ、作りましょう！

ドレスの基本パターンは4つ。
この4つのパターンにアレンジを加えて
16点のドレスを作ります。

A
前身頃に別布を
はめ込んだ
ウエスト切替えのドレス

B
ハイウエスト切替えの
ドレス

C
丸いヨークに
タックやギャザーを
加えたドレス

D
Aラインのドレス

A-1 p.34

タックをたたんだ別布をはめたドレス

前中心のパーツに別布を使ってタックを入れ、衿ぐりには玉レースをつけたギャザーたっぷりのワンピース。後ろあきはくるみボタンをループでとめます。

材料

材料(幅)	サイズ	100	110	120	130	140	150	160
表布(93)		200	220	240	260	270	380	400
別布		35×35				40×40		
裏布(90)		190	200	210	270	280	300	310
接着芯		10×30				10×40		
玉レース(0.7)		40				50		
ギャザーレース(4)		210	220	230	240	250	260	270
サテンリボン(5)		170			190		210	

くるみボタン直径1.5cm5個、スナップ3組み

＊単位はcm

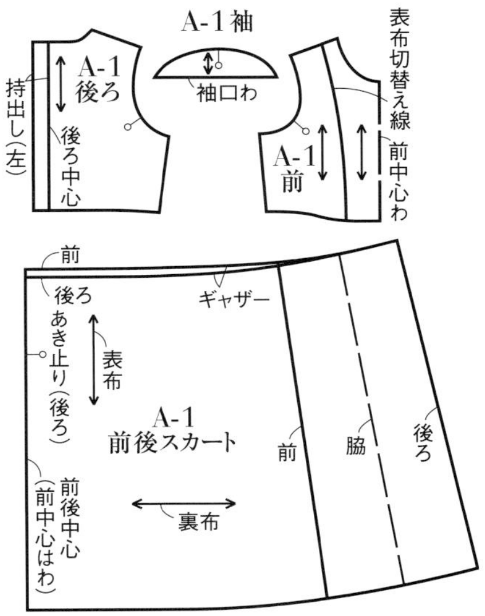

縫い始める前に

1 パターンを用意する
付録の実物大パターンの中からA-1の後ろ身頃、前身頃、袖、前後スカートのパターンを別紙に写し取る。
パターンは7サイズあるのでサイズを間違えないように注意し、布目線や合い印も忘れずに写す。

2 布を裁つ
裁合せ図を参考に、布にパターンを配置し、縫い代をつけて布を裁つ。

表布
● 後ろ身頃は、右は後ろ中心まで、左は持出し端から、さらに見返し分を追加して裁つ。
● 後ろスカートは、右は後ろ中心まで、左はあきの部分にだけ持出し分を追加して裁つ。
● 袖は表布を2重にして作るので袖口をわにして(袖口線から対称に開いた形)、2枚裁断する。
● ループのバイアス布は3cm幅で裁つ。

別布
● 前中心布はタックを入れるので、粗裁ち(縫い代を多めにつけて裁つ)する。

裏布
● スカートは横地で裁つ。
● 裏布のスカートは表布よりも丈を5cmカットし、1cmの縫い代をつけて裁つ。
● 前身頃は切替え線を入れずに裁つ。
● 後ろ身頃は左右とも後ろ中心まで。

写し取るパターン

裁合せ図
＊指定以外の縫い代は1cm

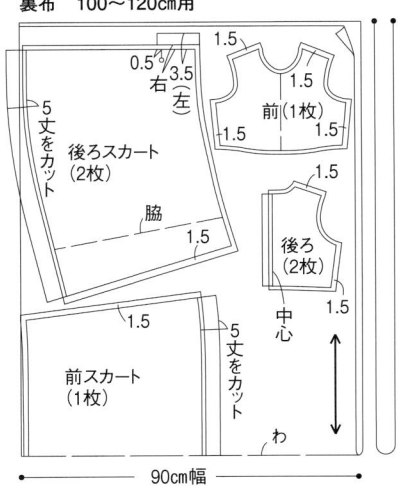

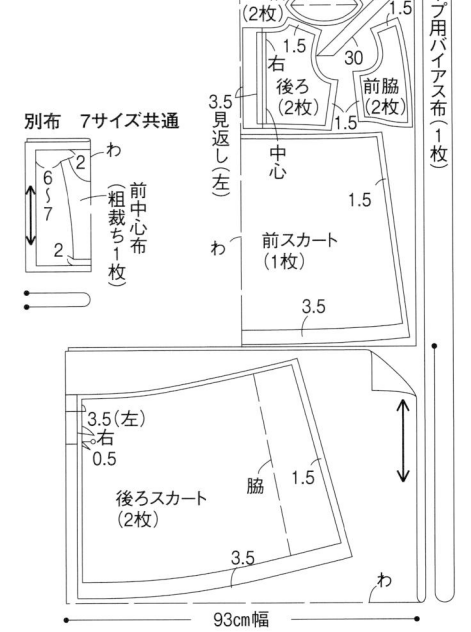

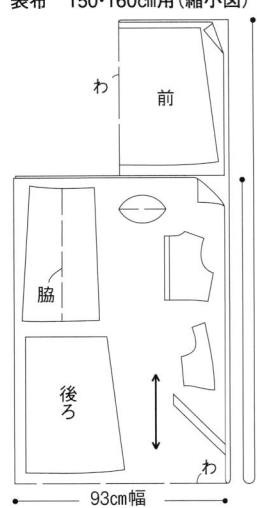

こうして縫いましょう

1 タックを縫って前身頃を作る

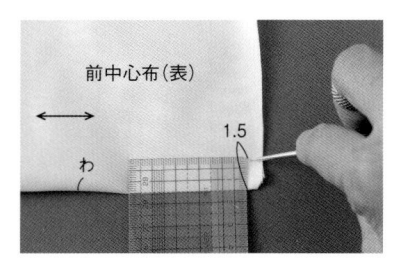

1 粗裁ちの前中心布を外表に半分に折り、タックの折り山位置をしるす。まず中央から1.5cmの位置に目打ちで印をつけ、さらに2cm間隔で2か所にしるす。印は布の上下につける。

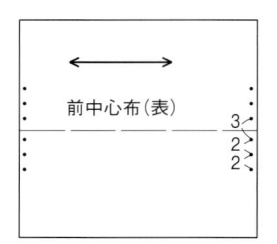

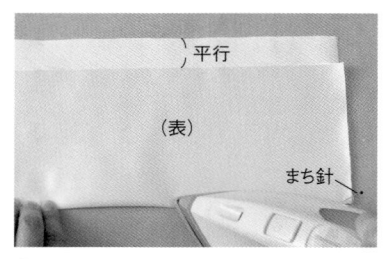

2 中心寄りの印の位置で布を外表に折り、アイロンを当てる。このとき布端が平行になっているかを確認し、片端をまち針でアイロン台に固定するといい。

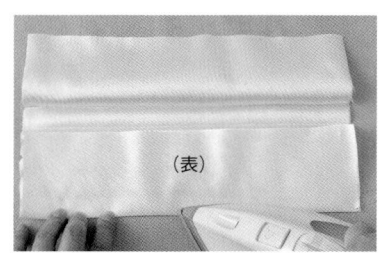

3 同じ要領で中心から脇に向かって印の位置をアイロンで折る。全部で6本折る。

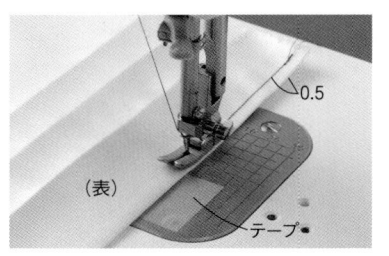

4 折り山に0.5cm幅でミシンをかける。ステッチ幅をそろえるには、押え金の幅を目安にしたり、針の落ちる位置から0.5cmのところにテープをはり、そこに折り山を合わせて縫うなどするといい。

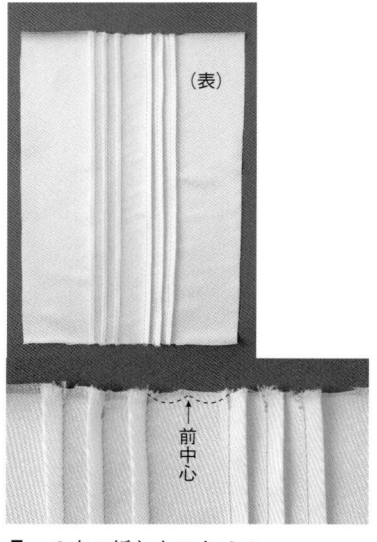

5 6本の折り山にすべて0.5cm幅でミシンをかけ、タックを脇側に倒してアイロンで整える。

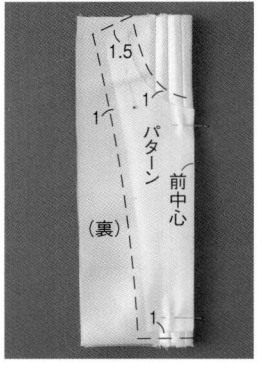

6 前中心から中表に折ってパターンを当て、周囲に縫い代をつけて裁つ。

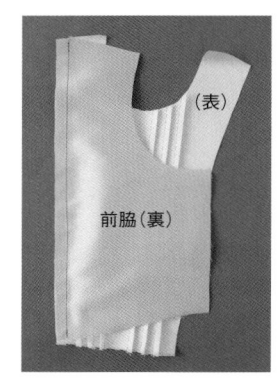

7 前中心布と前脇身頃を中表に合わせて縫う。

8 縫い代を脇側に倒してアイロンで整える。

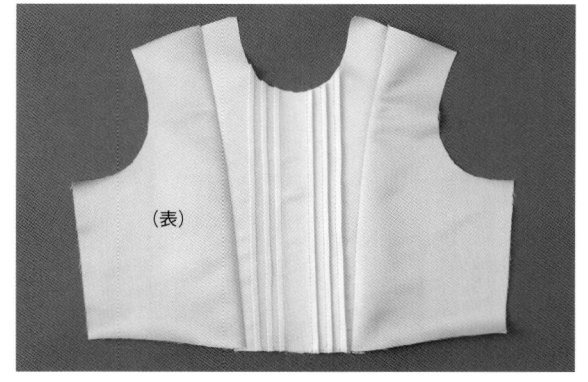

2 後ろ身頃にループをつける

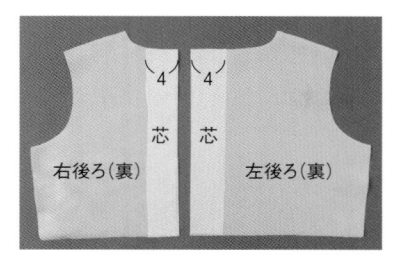

1 後ろ身頃裏面の後ろ端に、4cm幅にカットした接着芯をはる。

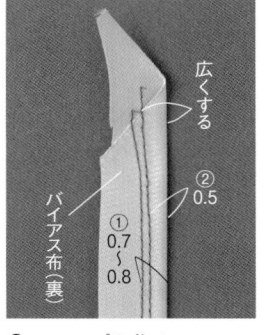

2 ループを作る。
①バイアス布を中表に折り、0.7〜0.8cm幅で縫う。
②0.5cm幅でミシンをかける。端は表に返しやすいように広めに縫う。

3 外側のミシン目の際から、余分な縫い代を裁ち落とす。

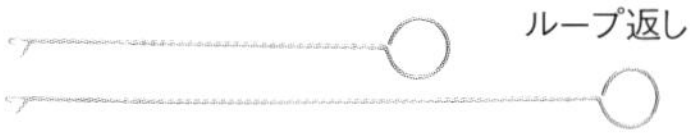

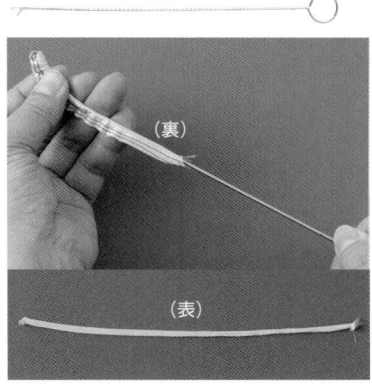

4 「ループ返し」を3の中に入れ、布端に引っかけて引き出して表に返し、アイロンで整える。

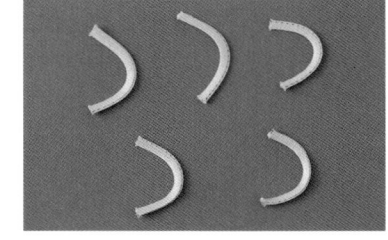

5 ループ布を5cmずつ5本カットし、縫い目を外側にしてアイロンでカーブをつける。

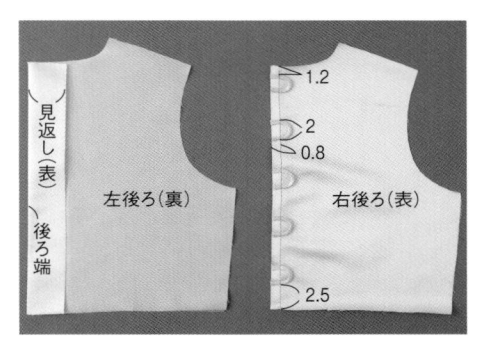

6 ループを右後ろ身頃表面の後ろ端にのせ、縫い代にミシンでとめる。左後ろ端は、見返しをアイロンで折っておく。

3 後ろ端〜衿ぐりを縫う

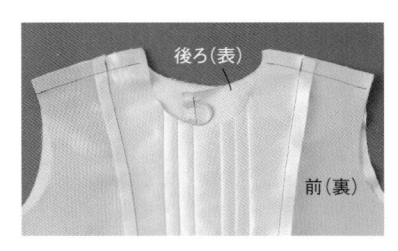

1 前後身頃の肩を中表に合わせて縫う。縫い代は割っておく。

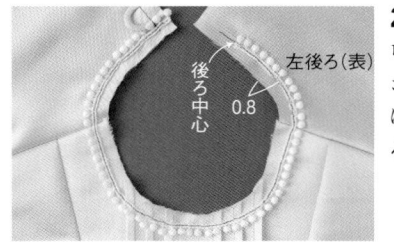

2 身頃の衿ぐり表面に玉レースをのせ、縫い代にミシンでとめる。左の後ろ端は折った見返しを開いて後ろ中心までミシンをかける。

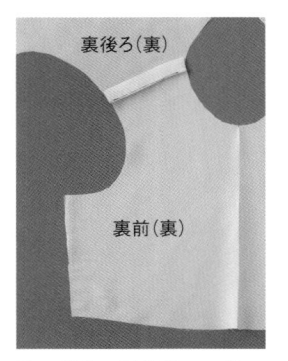

3 裏布の肩を縫い、縫い代を後ろ側に倒す。サイズ150・160は前身頃にダーツが入るので、ダーツを縫ってから肩を縫う(→p.51)。

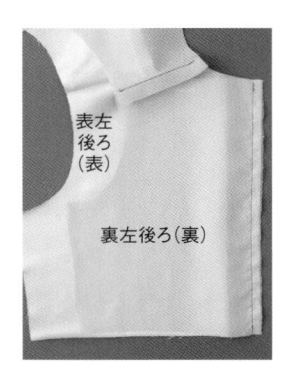

4 表左後ろの見返し端に裏左後ろの後ろ端を中表に合わせて縫う。縫い代は裏布側に倒す。

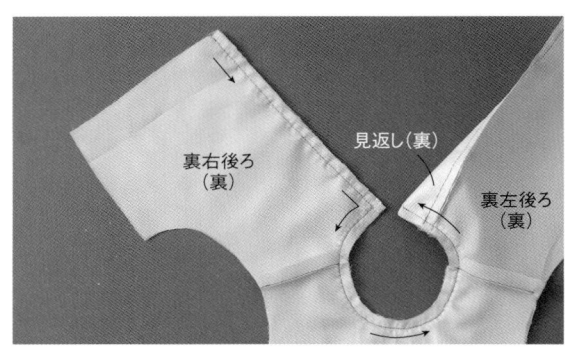

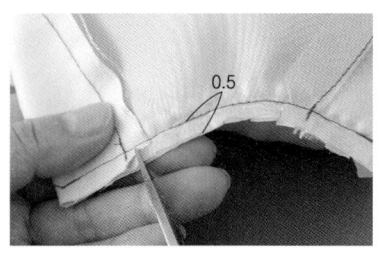

5　表身頃と裏身頃を中表に合わせ、右後ろ端〜衿ぐりを続けて縫う。

6　衿ぐりの縫い代を0.5cmにカットし、縫い目の際まで切込みを入れる。

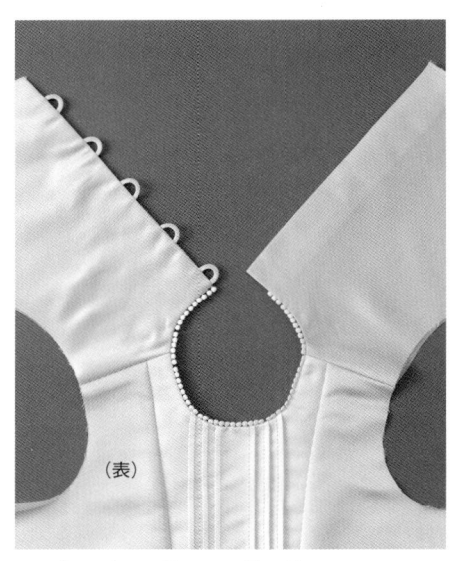

7　表に返して衿ぐり、後ろ端をアイロンで整える。

4　袖をつけて脇を縫う

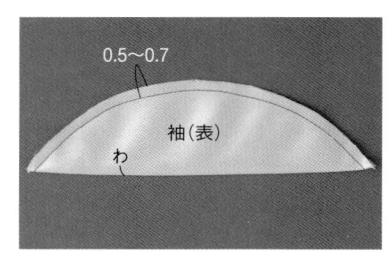

1　袖を外表に折り、つけ側縫い代にとめミシンをかける。

2　表身頃の袖ぐりに袖を中表に合わせ、裏布をよけて袖つけミシンをかける。縫い代は身頃のカーブの部分に切込みを入れ、身頃側に倒す。

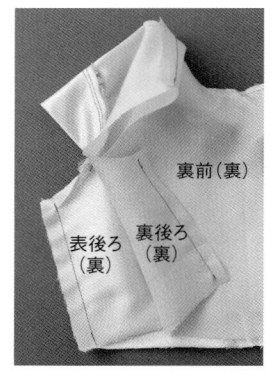

3　表布、裏布ともそれぞれ前後の脇を中表に合わせて縫う。表布の縫い代は割り、裏布は前側に倒す。

[星どめ] 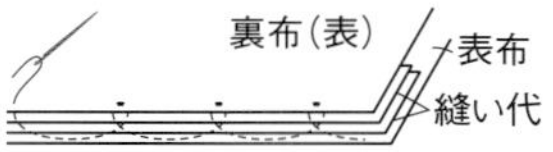
裏布側から小さい針目で返し縫い。表に針目が出ないよう、縫い代までをすくう。

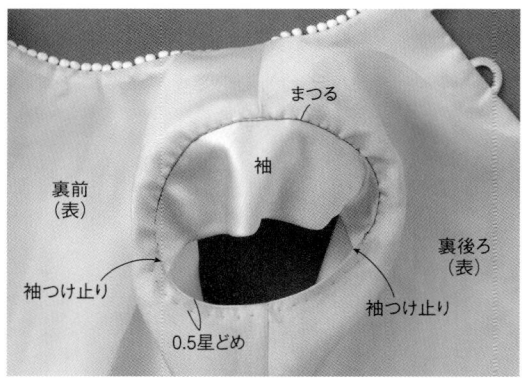

4　表、裏身頃の袖ぐりを中表に合わせ袖つけ止りから下を縫う。縫い代を0.5cmにカットし、切込みを入れて表に返す。次に裏布の袖つけ縫い代を折ってまつる。袖ぐりの部分は、星どめで縫い代を押さえる。

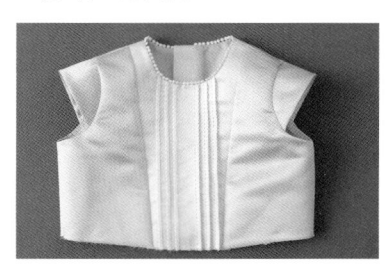

5　身頃の縫上り。

5 スカートを縫い合わせる

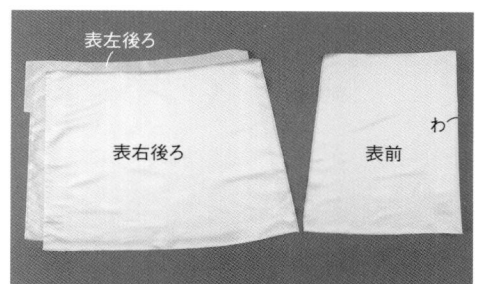

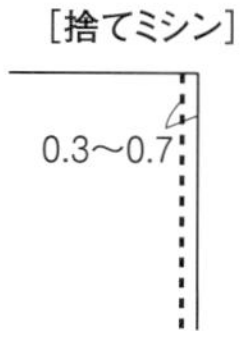

[捨てミシン] 0.3～0.7

1 表スカートの後ろ中心、脇のはぎ目位置の縫い代をジグザグミシンで始末する。ジグザグミシンは布の表面からかけ、アイロンを当てて押さえておく。ジグザグミシンがない場合は、ほつれどめのために裁ち端に捨てミシンをかけておく。

2 左右の表後ろスカートを中表に合わせ、あき止りから下の後ろ中心を縫う。あき止りはしっかり返し縫いを。

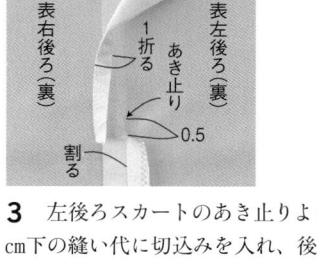

3 左後ろスカートのあき止りより0.5cm下の縫い代に切込みを入れ、後ろ中心の縫い代を割る。あきの部分は縫い代を折っておく。

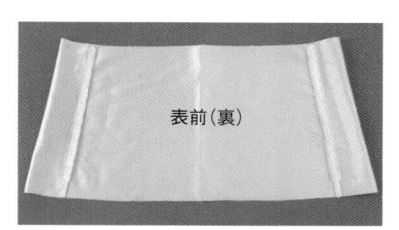

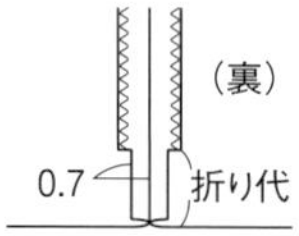

4 表前スカートと表後ろスカートを中表に縫い合わせ、縫い代を割る。裾の折り代部分の縫い代は0.7cmぐらいにカットする。後ろ中心の裾部分も同様に。

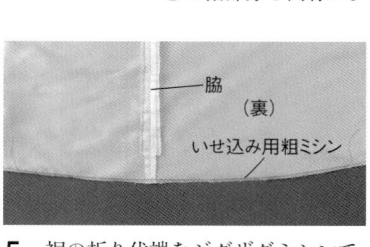

5 裾の折り代端をジグザグミシンで始末する。次に脇あたりの折り代端40cmぐらいに、いせ用の粗い針目のミシンをかける。作品の布は張りが強いため、裾の折り代をいせて落ち着かせるためのミシンなので、普通の布の場合はかけなくてもいい。

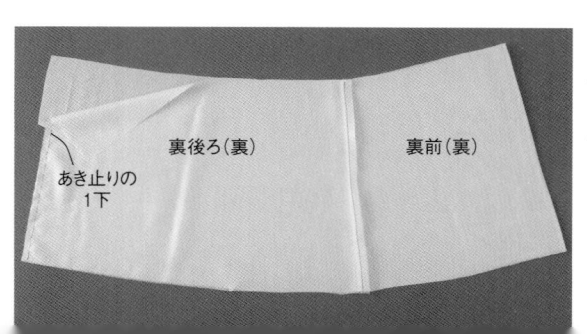

6 裏布の後ろ中心、脇を縫う。後ろ中心はあき止りの1cm下から裾まで縫う。脇縫い代は前側に倒す。

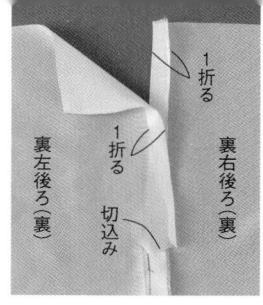

7 裏後ろ中心の縫い止めた位置の、左スカートの縫い代だけに切込みを入れる。後ろ中心の縫い代は右スカート側に倒し、あきの部分は縫い代を折っておく。

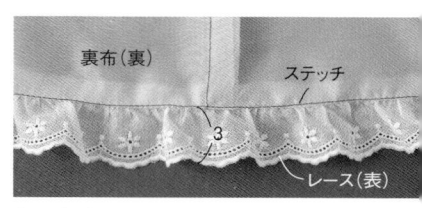

8 裏布の裾にレースをつける（あらかじめギャザーの寄ったレースを使用）。裏布の裏面にレース表面がくるように縫い合わせ、縫い代を裏布側に倒してステッチ。

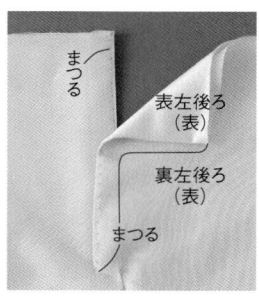

9 表、裏スカートを外表に合わせ、あき部分の後ろ端を、裏布を少し控えてまつる。

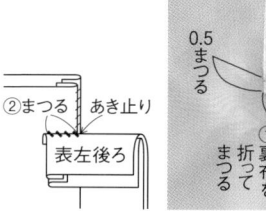

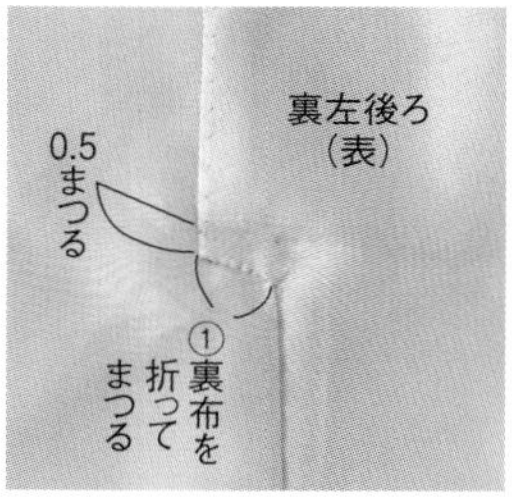

10 ①あき止りはまず裏布を斜めに折り込んでまつる。
②図のように左スカートをめくってあき止りの内側をまつる。

45

6 ウエストを縫い合わせて仕上げる

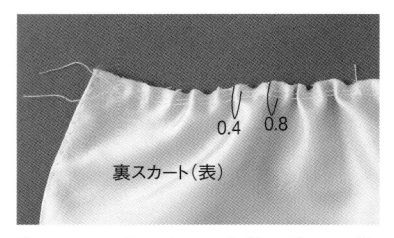

1 スカートのウエスト縫い代に、表裏2枚一緒にぐし縫いを2本する。この布は張りが強いので、ミシン糸（1本どり）で粗く手縫いをしているが、普通の布の場合は、粗い針目のミシンを2本かける。

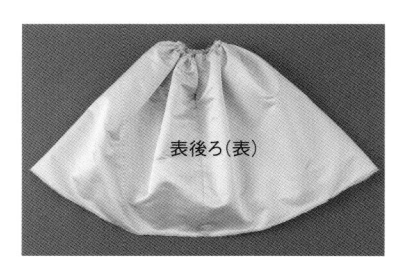

2 1の糸を引き、スカートのウエストをぎゅっと縮め、縫い代をアイロンで押さえてつぶしておく。

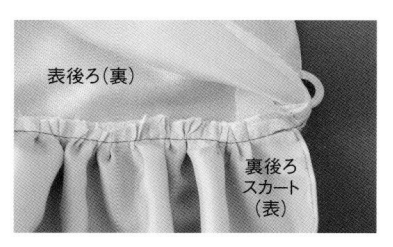

3 表身頃とスカートのウエストを中表に合わせる。裏身頃をよけ、中心と脇を合わせてギャザーを均等に整え、ウエストを縫う。縫い代は身頃側に倒す。

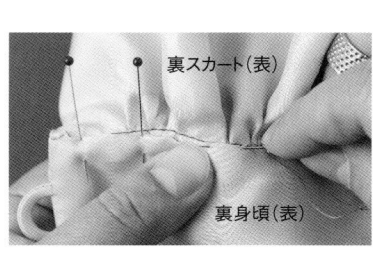

4 裏身頃のウエスト縫い代を折り込み、3のミシン目の際にまつる。

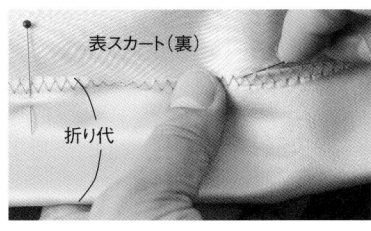

5 裾の折り代を折ってまち針でとめ、裁ち端を0.5cmぐらいめくって奥をまつる（→p.49）。脇のいせ込み用ミシンをかけたところは、糸を引いて布端をいせてから折り代を折る。

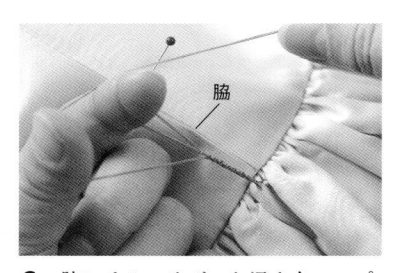

6 脇にサテンリボンを通す糸ループを作る。まつり糸2本どり、またはミシン糸4本どりにした糸を、脇のウエストから表面に出し、鎖編みをする。

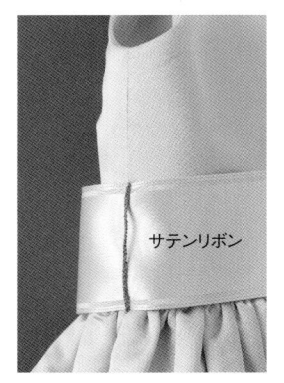

7 サテンリボンの幅に合わせて鎖編みを編み、編終りの糸端は、脇縫い目の裏側でとめる。

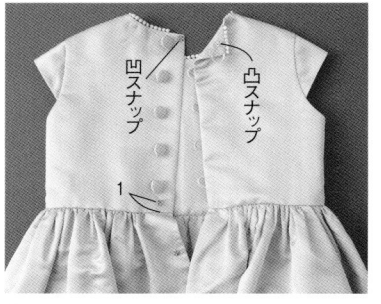

8 表布でくるみボタンを作り、右後ろ端のループ位置に合わせて、左身頃につける。スナップは後ろあきの上端とウエストの1cm上、スカートあきの中間の3か所につける。（→p.67）

完成

A-2 写真 p.10
コードキルティングを はめたドレス

材料

材料(幅) \ サイズ	100	110	120	130	140	150	160
表布(310)	120	130	140	150	160	190	
裏布(90)	220	230	240	310		380	
ギャザーレース(5.5)		270		320		370	

毛糸適宜、コンシールファスナー56cm1本、ホック1個
*単位はcm

パターン（A-2)
後ろ身頃　前身頃
前後スカート　ウエストリボン
ウエストリボンのボー

作り方

1 粗裁ちをした前中心布の表布と裏布を外表に合わせてステッチをかけ、間に毛糸を通す。→図
2 1にパターンを当て、周囲に1cmの縫い代をつけて前中心布を裁ち直す。
3 フリルの0.8cmのところに粗い針目のミシンをかけてギャザーを寄せる。
4 表、裏前中心布の間にフリルをはさんで上端を縫い返す。
5 裏前中心布をよけて、表前中心布と前脇身頃を縫い合わせる。（→p.48）
6 表身頃の肩を縫う。
7 裏身頃の肩を縫う。
8 表、裏身頃の衿ぐりを中表に合わせ、後ろ中心から4〜5cmを残して縫う。次に裏の前脇身頃と中心布を中表に縫う。（→p.49）
9 表、裏身頃の袖ぐりを中表に合わせて縫い返す。（→p.51）
10 表、裏身頃の脇を続けて縫う。（→p.52）
11〜18 p.48の11〜18と同じ。

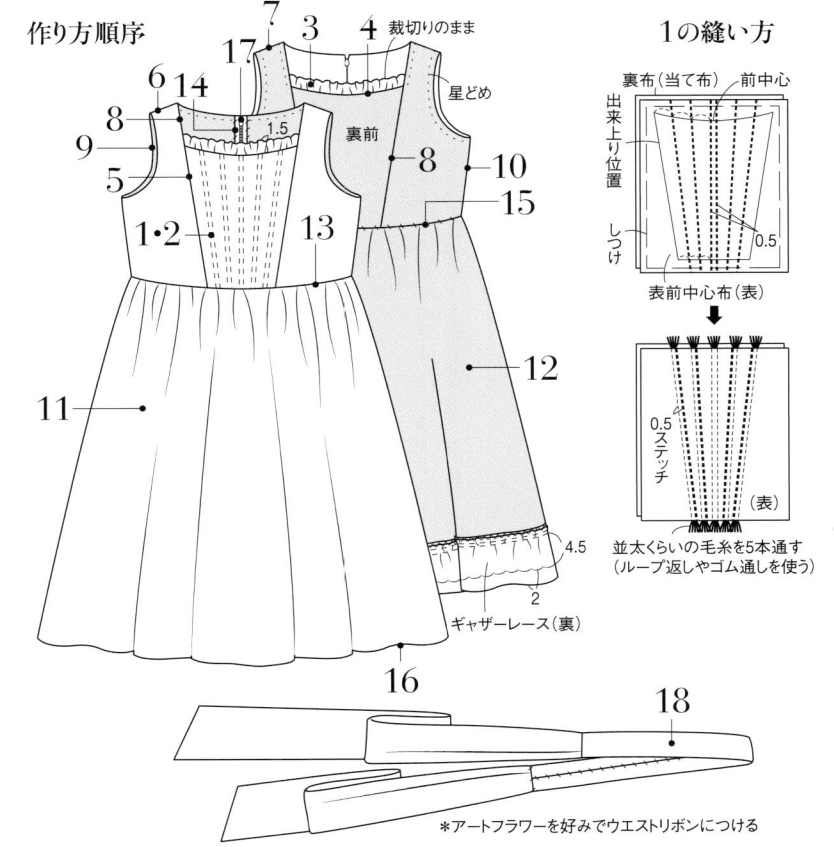

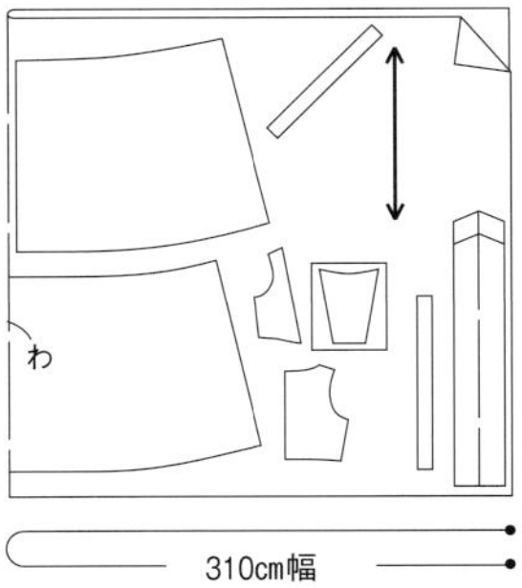

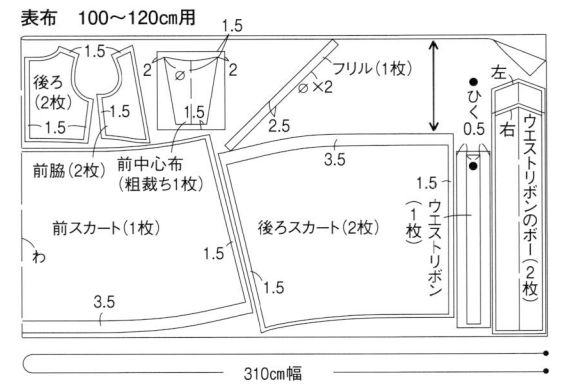

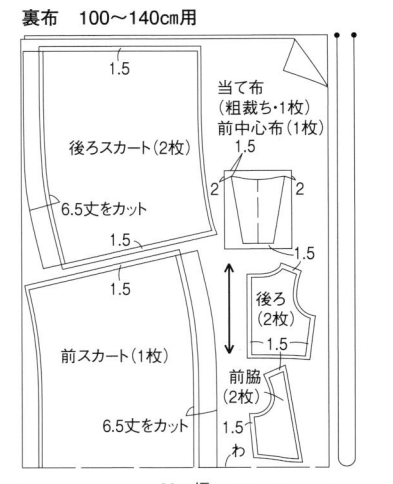

A-3 写真 p.21
金色のコードをはめたドレス

パターン（A-3）
後ろ身頃　前身頃
前後スカート　袖　ウエストリボン
ウエストリボンのボー

作り方
1　前中心布の上端を縫い返す。
2　肩を縫い、衿ぐり〜前切替え線にパイピングコードをつける。→図
3　裏前中心布をよけ、表前中心布と前脇身頃を縫い合わせる。このとき上端にコードを縫いはさむ。→図
4　前中心布の上にコードをジグザグに渡し、角を縫いとめる。→図
5　裏布の肩を縫う。
6　表、裏身頃の衿ぐりを中表に合わせ、後ろ中心から4〜5cmを残して縫う。次に裏の前脇身頃と中心布を中表に合わせて縫う。→図
7　袖を作る。袖口、袖山にギャザーを寄せ、袖口は縁とり布でくるむ。→図
8　袖をつける。（→p.44）
9　表身頃、裏身頃の脇を縫う。（→p.44）
10　表、裏身頃の袖つけ止りから下を縫い返し、袖つけ位置の裏布は縫い代を折ってまつる。（→p.44）
11　表スカートを作る。後ろ中心（あき止りから裾まで）、脇を縫い、ウエストにギャザーを寄せる。
12　裏スカートを作る。後ろ中心（あき止りの1cm下から裾まで）、脇を縫い、裾にレースをつけて（→p.45）ウエストにギャザーを寄せる。
13　表スカートと表身頃のウエストを縫い合わせる。
14　コンシールファスナーをつけ、縫い残した衿ぐりを縫って整える。（→p.53）
15　裏スカートを外表に合わせてウエスト縫い代に縫いとめ、裏身頃のウエスト縫い代を折ってまつる。ファスナーつけ位置の裏布もまつる。（→p.54）
16　裾をまつる。→図
17　ファスナーの上端に、ホックと糸ループをつける。（→p.69）
18　ウエストリボンを作る。→図

材料

材料(幅)	サイズ 100	110	120	130	140	150	160
表布(110)	220		330	350	360	390	440
別布(115)	30						
裏布(90)	260			340		400	
接着芯(90)	30						
パイピングコード(1.2)	90			100		110	
コード(0.5)	170			190		210	
ギャザーレース(5.5)	270			320		370	

接着テープ(1.5)適宜、コンシールファスナー56cm1本、ホック1個

＊単位はcm

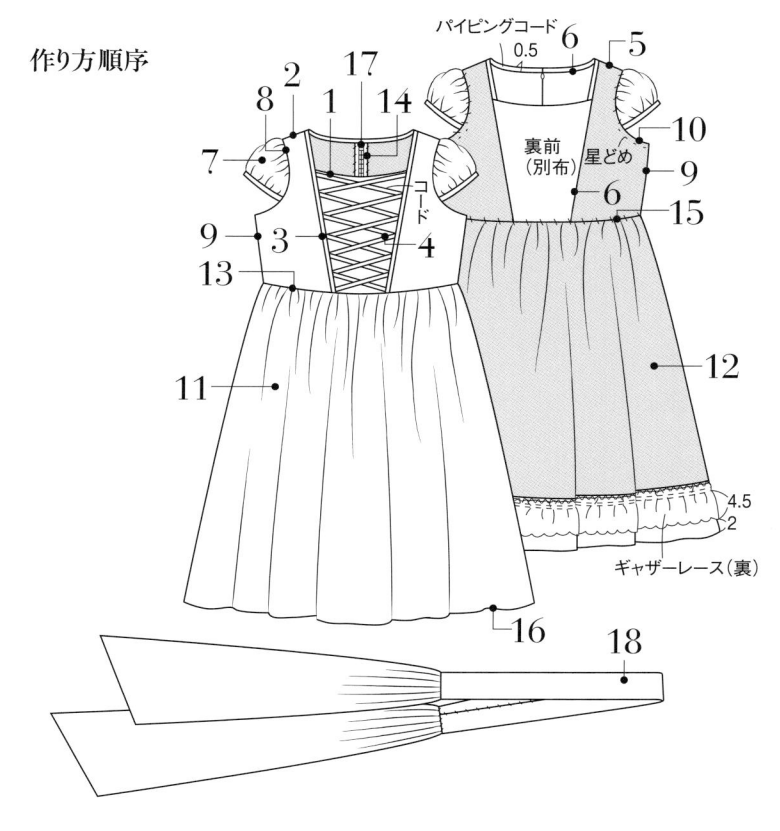

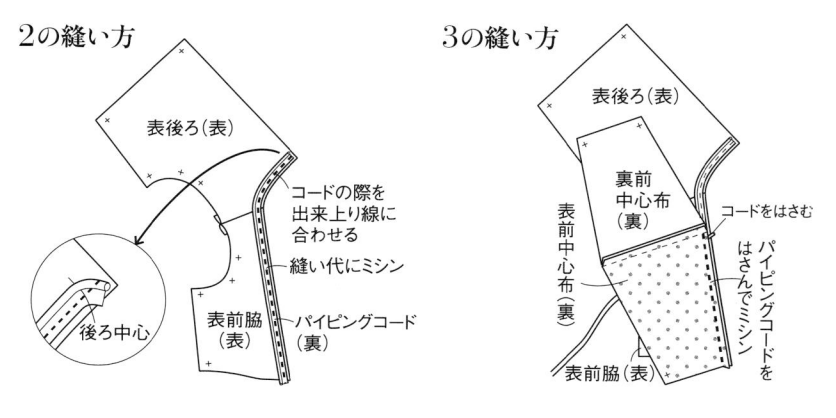

作り方順序

2の縫い方

3の縫い方

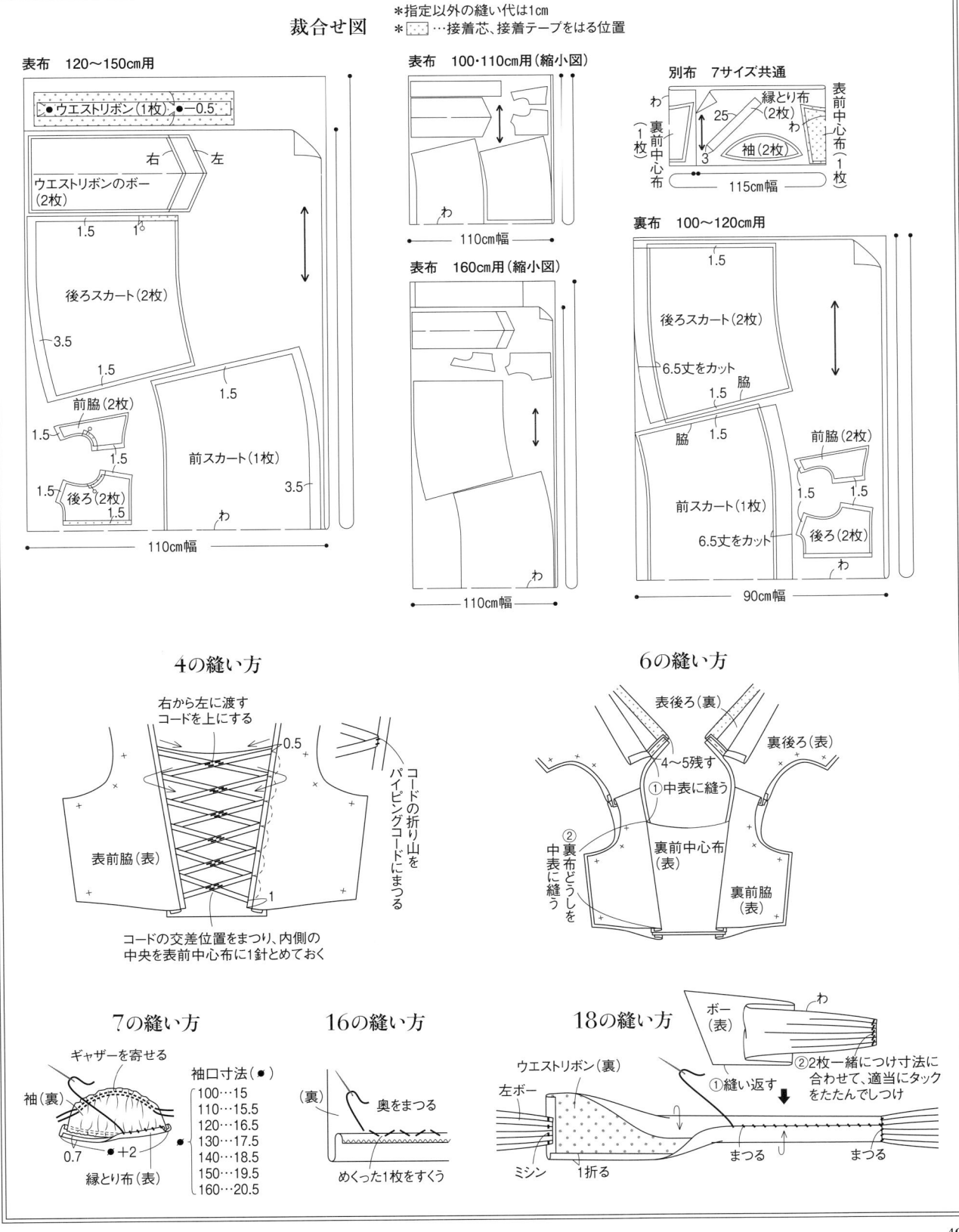

裁合せ図

*指定以外の縫い代は1cm
*[::::]…接着芯、接着テープをはる位置

表布 120〜150cm用

- ウエストリボン(1枚) ●-0.5
- ウエストリボンのボー(2枚) 右/左
- 後ろスカート(2枚) 1.5 1 / 1.5 / 3.5
- 前脇(2枚) 1.5 / 1.5
- 後ろ(2枚) 1.5 / 1.5
- 前スカート(1枚) 1.5 / 3.5
- わ
- 110cm幅

表布 100・110cm用(縮小図)
わ / 110cm幅

表布 160cm用(縮小図)
わ / 110cm幅

別布 7サイズ共通
- 裏前中心布(1枚)
- 縁とり布(2枚) 25
- 袖(2枚) 3
- 表前中心布(1枚)
- わ / 115cm幅

裏布 100〜120cm用
- 1.5
- 後ろスカート(2枚)
- 6.5丈をカット / 1.5
- 脇 / 1.5
- 前スカート(1枚)
- 6.5丈をカット
- 前脇(2枚) 1.5 / 1.5
- 後ろ(2枚)
- わ / 90cm幅

4の縫い方

- 右から左に渡すコードを上にする
- 0.5
- 表前脇(表)
- コードの折り山をパイピングコードにまつる
- 1
- コードの交差位置をまつり、内側の中央を表前中心布に1針とめておく

6の縫い方

- 表後ろ(裏)
- 裏後ろ(表)
- 4〜5残す
- ①中表に縫う
- ②裏布どうしを中表に縫う
- 裏前中心布(表)
- 裏前脇(表)

7の縫い方

- ギャザーを寄せる
- 袖(裏)
- 0.7 +2
- 縁とり布(表)

袖口寸法(●)
- 100…15
- 110…15.5
- 120…16.5
- 130…17.5
- 140…18.5
- 150…19.5
- 160…20.5

16の縫い方

- (裏)
- 奥をまつる
- めくった1枚をすくう

18の縫い方

- ボー(表) わ
- ウエストリボン(裏)
- 左ボー
- ミシン
- 1折
- ①縫い返す
- ②2枚一緒につけ寸法に合わせて、適当にタックをたたんでしつけ
- まつる / まつる

B-1 p.14

タックをたたんだハイウエストのドレス

衿なし、袖なしのシンプルな身頃に
たっぷりタックをとったスカートを合わせたワンピース。
裏スカートはタックを減らして作ります。

縫い始める前に

1 パターンを用意する

付録の実物大パターンの中からB-1の後ろ身頃、前身頃、
前後スカートのパターンを別紙に写し取る。
パターンは7サイズあるのでサイズを間違えないように注
意し、前後を重ねてあるスカートは、前、後ろのスカートを
別々に写し取る。
布目線、スカートのタック位置、あき止りなどの合い印も忘
れずに写しておく。

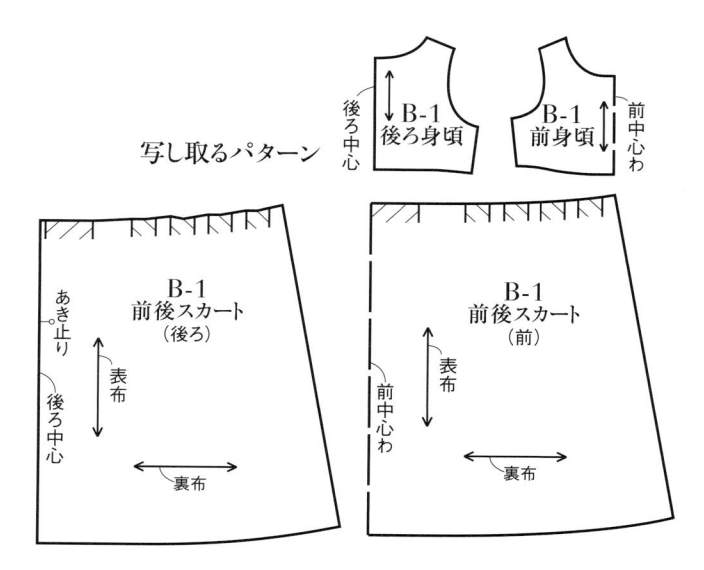

2 布を裁つ

裁合せ図を参考に、布にパターンを配置し、縫い代をつ
けて布を裁つ。

表布
スカートはパターンの丈より3.5cm短く仕上げるので、裾折
り代を3.5cmにして、パターンの裾線で裁断する。

裏布
● スカートは前後とも中心のタックを省いて仕立てるので、中心のタック分をカットした位置に中心線を移動し、横地で裁断する。
● 裏布のスカート丈は表布より2cm短く仕上げたいので、パターンの線から5.5cmカットし、そこから3cmの折り代をつけて裁つ。

材料

材料(幅)	サイズ	100	110	120	130	140	150	160
表布(148)		110	120	130	140	150	190	200
裏布(90)		170	180	190	200	210	220	230
接着芯(90)		30				35		
グログランリボン(1.2)		250		280		300		

接着テープ(1.5)適宜、コンシールファスナー56cm1本、ホック1個、アートフラワー適宜

*単位はcm

写し取るパターン

裁合せ図
*指定以外の縫い代は1cm

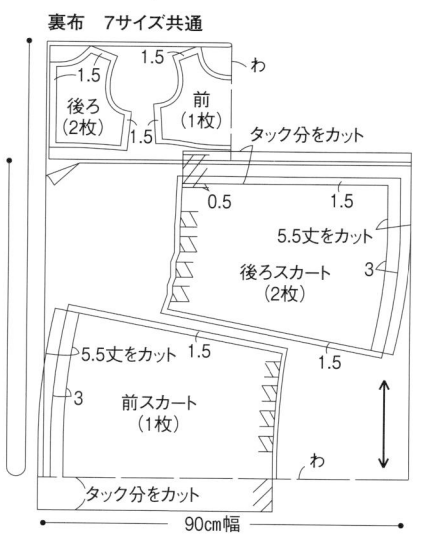

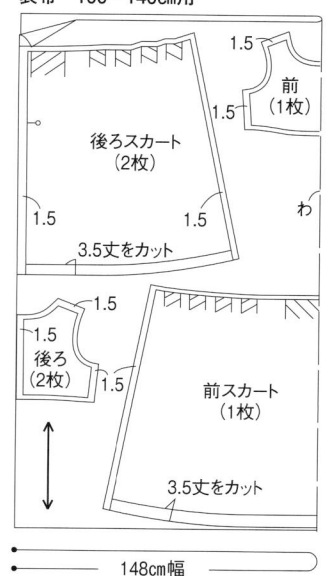

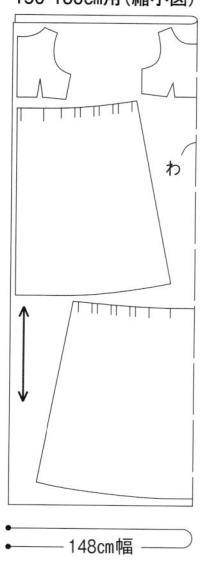

こうして縫いましょう

1 身頃を縫い合わせる

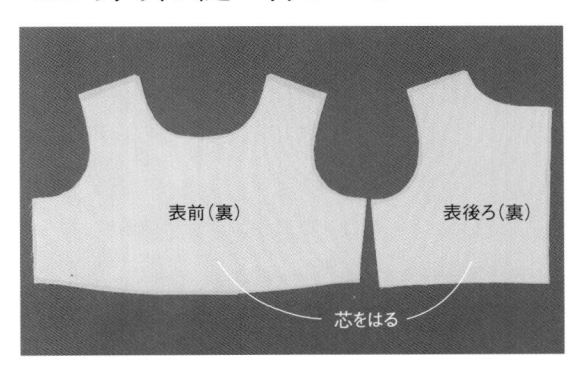

1 前身頃、後ろ身頃とも、表身頃の裏面全体に接着芯をはる。サイズ140・150・160は身頃にダーツが入るので、芯をはった後、ダーツを縫う。ダーツの縫い代は前後とも中心側に倒す。裏布の身頃も同様にダーツを縫っておく。

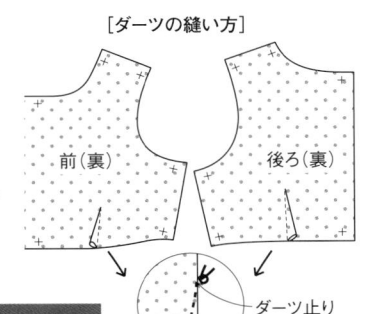

[ダーツの縫い方]

ダーツ止りは布の際を2、3針縫い、返し縫いはせず、糸を結ぶ

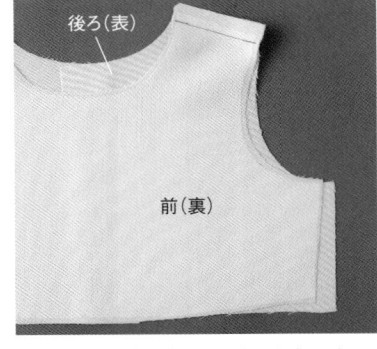

2 表布の前後身頃の肩を中表に合わせて縫う。

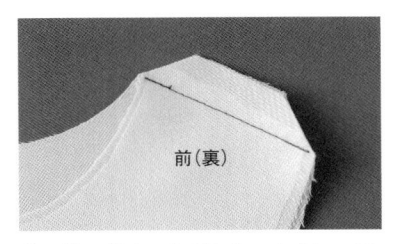

3 縫い代はかさばらないように、両端を斜めにカットするといい。肩縫い代は割っておく。

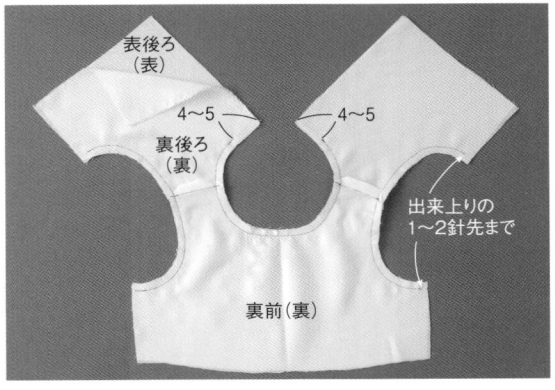

4 裏布の肩を縫い、縫い代を後ろ側に倒す。表身頃と裏身頃を中表に合わせて衿ぐり、袖ぐりを縫う。衿ぐりは後ろ端から4〜5cmを残して縫い、袖ぐりは布端まで縫わずに、出来上りの1〜2針先で縫い止める。

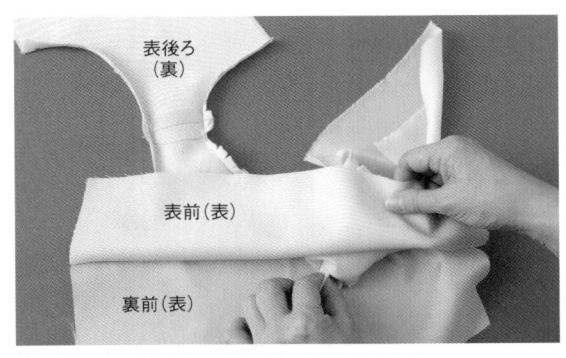

5 衿ぐり、袖ぐりの縫い代に切込みを入れ、ミシン目の際から縫い代をアイロンで表布側に折る。次に表、裏身頃の間から、後ろ身頃を引き出して表に返す。

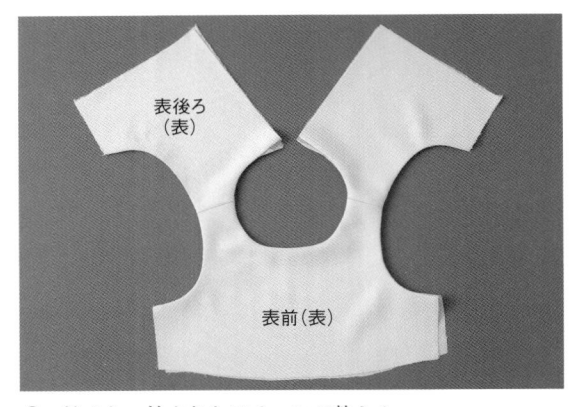

6 衿ぐり、袖ぐりをアイロンで整える。

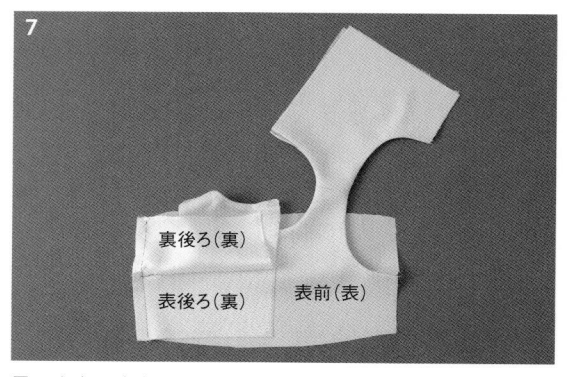

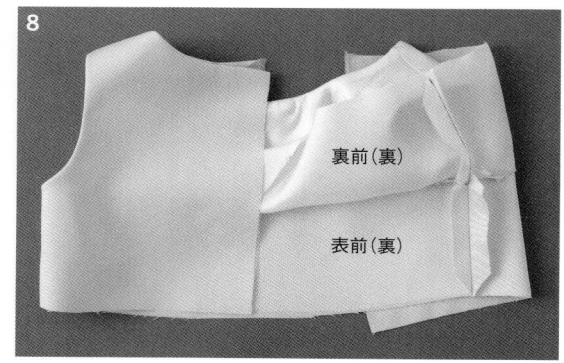

7 表布、裏布とも、それぞれ前後の脇を中表に合わせ、表布と裏布の脇を続けて縫う。

8 表身頃の脇は縫い代を割り、裏身頃は縫い代を前側に倒してアイロンで整える。

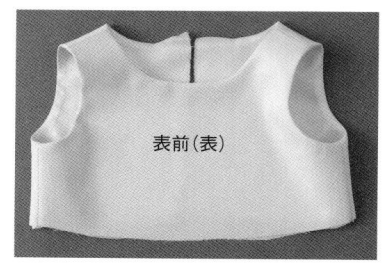

9 表布と裏布の脇を外表に整える。

2 スカートを縫い合わせる

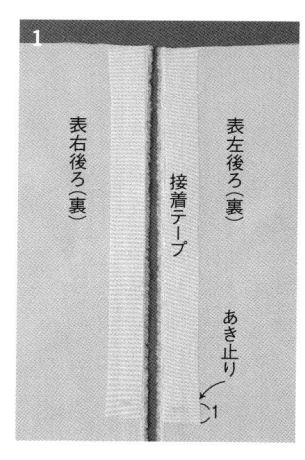

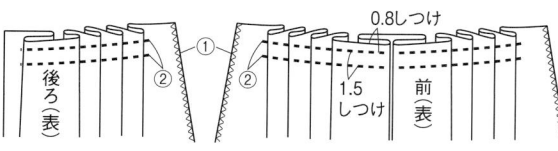

1 表スカート裏面の後ろ中心のファスナーつけ位置(あき止りの1cm下まで)に、接着テープをはる。

2 ①表スカートの脇縫い代にジグザグミシンをかける。後ろ中心が裁ち端の場合は、後ろ中心の縫い代にもジグザグミシンをかけておく。
②ウエストのタックをたたんでしつけをかける。しつけはタックがずれないように2本かける。

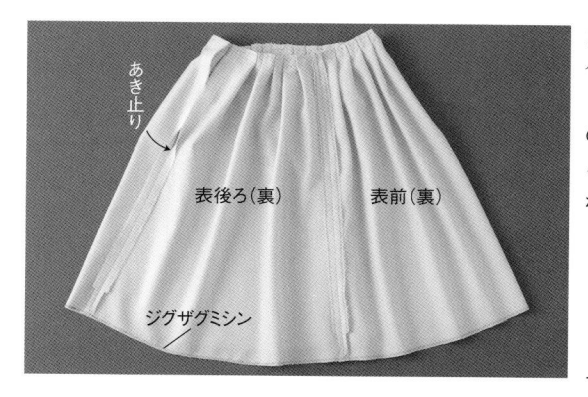

3 表スカートの後ろ中心、脇を縫い合わせて縫い代を割る。後ろ中心はあき止りから下を縫う。裾の折り代部分の縫い代は、0.7cmぐらいにカットする。裾の折り代端にジグザグミシンをかける。

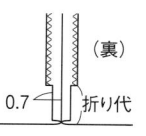

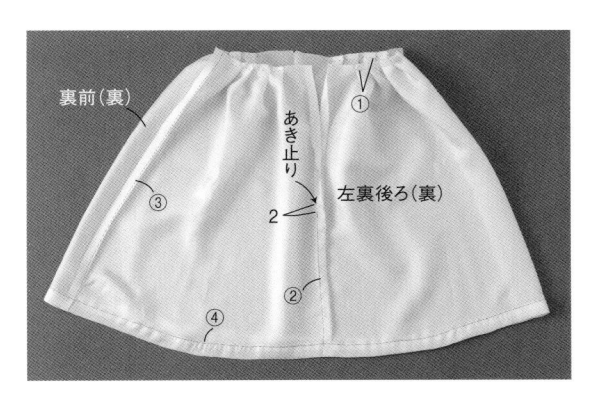

4 裏布のスカートを縫い合わせる。
①タックをたたんでしつけ。
②後ろ中心を縫い（あき止りの2cm下から）、縫い代を左スカート側に倒す。
③脇を縫い、縫い代を前スカート側に倒す。
④裾を三つ折りにしてミシンで縫う。

[裾の三つ折り]

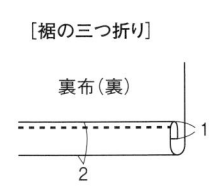

3 ウエストを縫い合わせてファスナーをつける

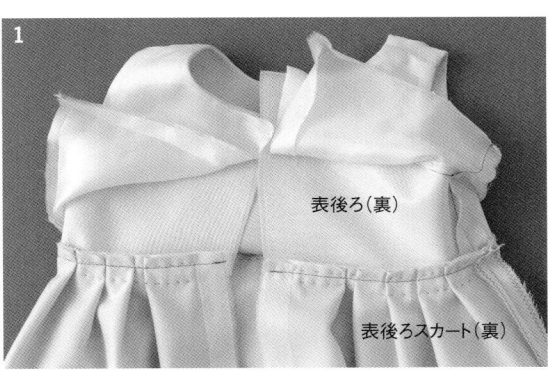

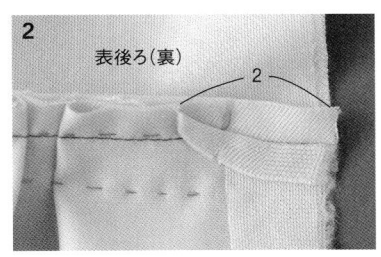

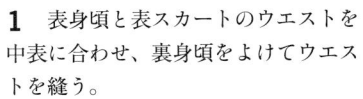

1 表身頃と表スカートのウエストを中表に合わせ、裏身頃をよけてウエストを縫う。

2 ウエストの縫い代は身頃側に倒すが、ファスナーをつける後ろ中心は、2cmぐらいを割っておく。

3 表布の左右後ろ中心を中表に合わせ、衿ぐりからあき止りまでを、粗い針目のミシンで縫う。このミシンはしつけ代りなので、縫始め、終りとも返し縫いはしない。

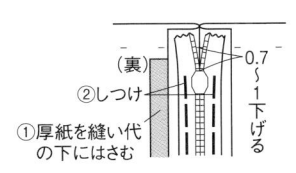

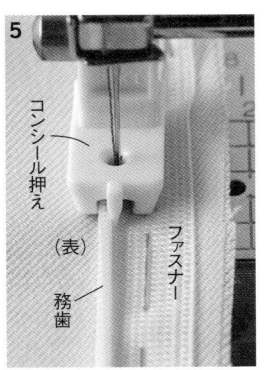

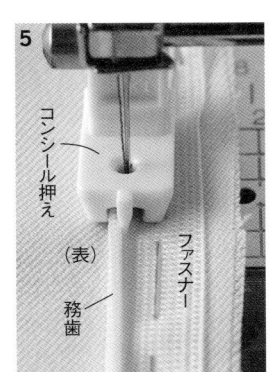

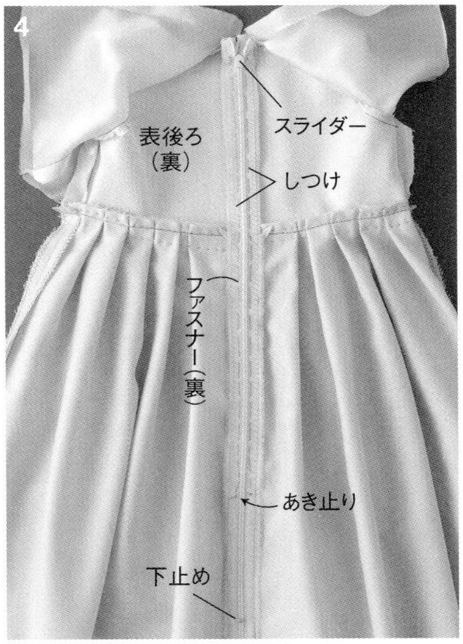

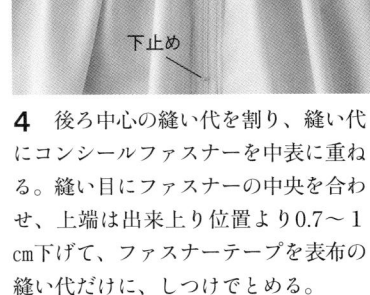

4 後ろ中心の縫い代を割り、縫い代にコンシールファスナーを中表に重ねる。縫い目にファスナーの中央を合わせ、上端は出来上り位置より0.7〜1cm下げて、ファスナーテープを表布の縫い代だけに、しつけでとめる。

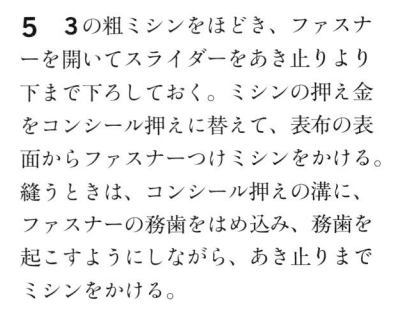

5 3の粗ミシンをほどき、ファスナーを開いてスライダーをあき止りより下まで下ろしておく。ミシンの押え金をコンシール押えに替えて、表布の表面からファスナーつけミシンをかける。縫うときは、コンシール押えの溝に、ファスナーの務歯をはめ込み、務歯を起こすようにしながら、あき止りまでミシンをかける。

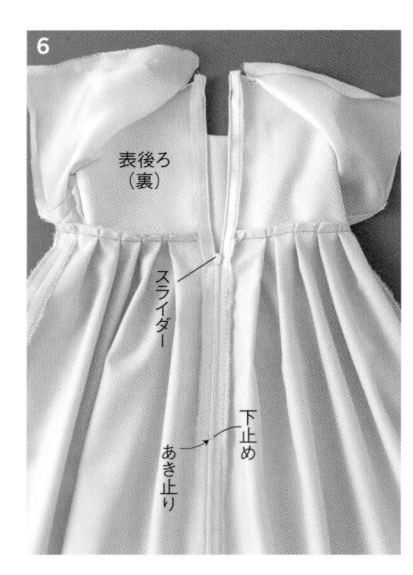

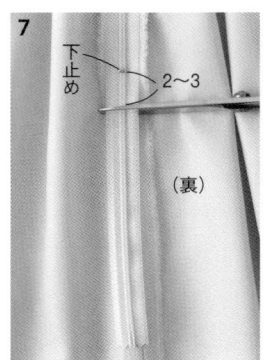

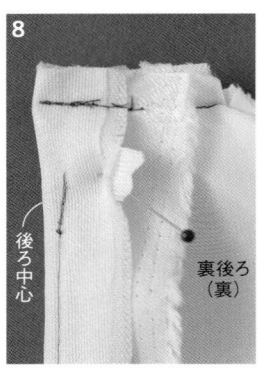

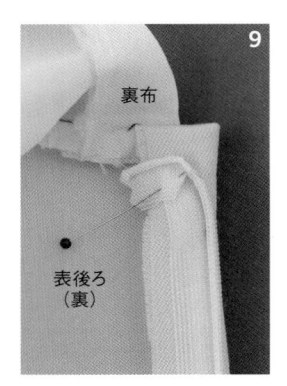

6 左右の後ろ中心にそれぞれファスナーつけミシンをかけたら、スライダーをあき止りより上に引き上げる。次にファスナーの下止めをあき止りに移動し、動かないようにペンチで締めて固定する。

7 ファスナー下端の長い分を、下止めの2〜3cm下でカットする。

8 衿ぐりの縫い残した部分を図のように折って縫う。このときファスナーの上端はよけておく。

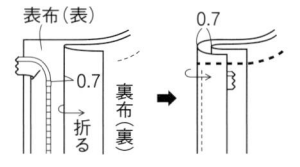

9 衿ぐりを表に返して整える。

4 裏スカートをつけて仕上げる

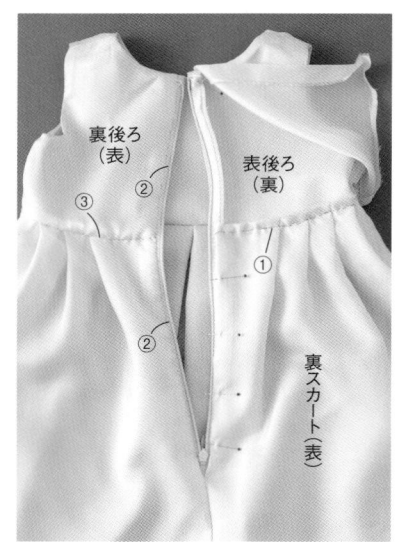

1 ①表スカートに裏スカートを外表に重ね、表布のウエスト縫い代にミシン糸でしつけをかける。
②裏布のファスナーあき部分の縫い代を折ってまつる。
③裏身頃のウエスト縫い代も折ってまつる。
表布の裾を折り上げて奥をまつる(→p.49)。

2 ファスナーの上端にホックと糸ループをつける。ホックは右後ろ、糸ループは左後ろにつける(→p.69)。衿ぐり、袖ぐりは裏布側から星どめで縫い代を押さえる(→p.44)。ウエストにはリボン(1.2cm幅×2m×2本)に、アートフラワーを適当にとめつけて結ぶ。

完成

B-2 写真 p.11
胸にフリルを飾ったハイウエストのドレス

パターン（B-2）
後ろ身頃　前身頃　前後スカート
＊スカートは前後中心で●寸法（下図）を追加する。ウエストをギャザーにするので、ウエストラインはつながりのいい自然な線に訂正し、中間に合い印を入れる。

作り方
1　フリルにギャザーを寄せ、前身頃につける（→図）。大きいサイズは身頃のダーツを縫ってからフリルをつける。
2　表身頃、裏身頃とも肩を縫う。
3　衿ぐり、袖ぐりを縫い返す。（→p.51）
4　表、裏身頃の脇を続けて縫う。（→p.52）
5　表スカートの後ろ中心、脇を縫い、ウエストにギャザーを寄せる。
6　裏スカートの後ろ中心、脇を縫い、裾にギャザーレースをつける（→p.45）。ウエストにギャザーを寄せる。
7　表身頃と表スカートのウエストを縫い合わせる。
8　コンシールファスナーをつける。（→p.53）
9　裏スカートをつけ、裏布の後ろ中心、ウエストをまつる。（→p.54）
10　表布の裾を折り上げてまつる。（→p.49）
11　ホックと糸ループをつけ（→p.69）、衿ぐり、袖ぐりに星どめをする。（→p.44）

材料

材料（幅）	サイズ	100	110	120	130	140	150	160
表布（310）		60	70	80		110	120	
裏布（90）		220			250		270	
ギャザーレース（5.5）		190	220		250		270	
サテンリボン（5）		160			180		200	

接着テープ（1.5）適宜、コンシールファスナー56cm1本、ホック1個

＊単位はcm

作り方順序

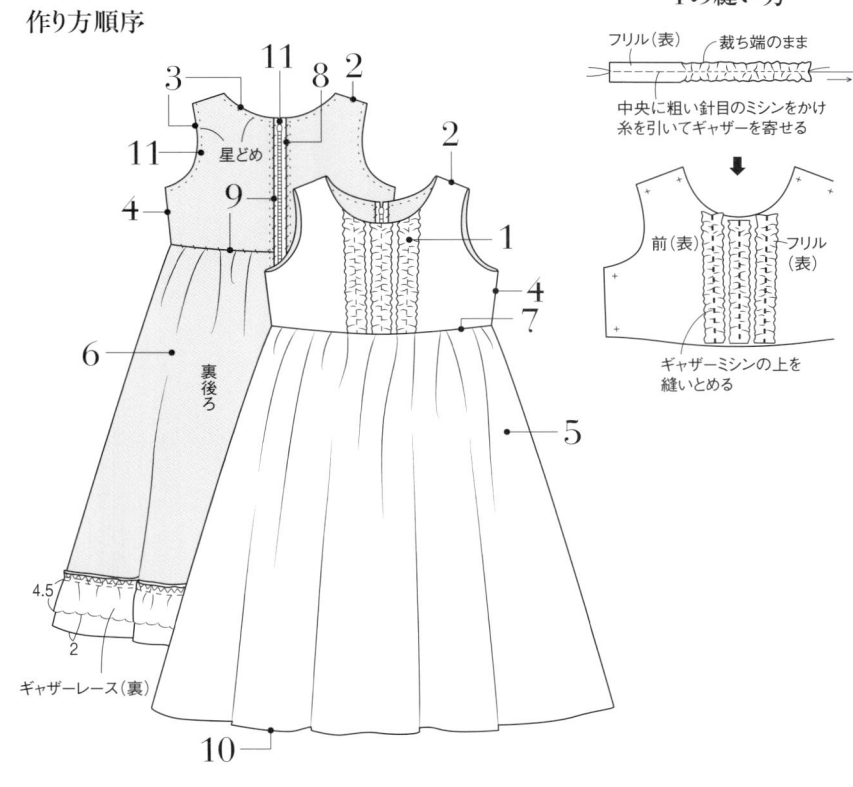

1の縫い方

スカートの前後中心　追加寸法（●）
- 100…7
- 110…7
- 120…10
- 130…10
- 140…10
- 150…13
- 160…13

裁合せ図
＊指定以外の縫い代は1cm

表布　7サイズ共通　310cm幅

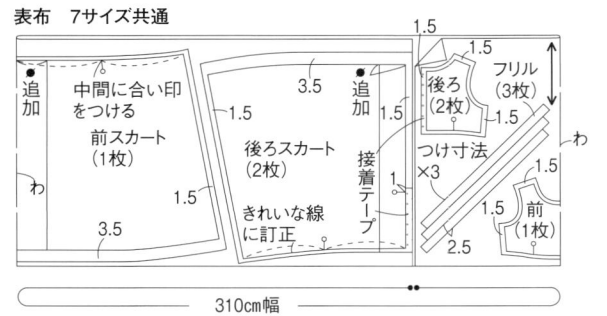

裏布　7サイズ共通　90cm幅

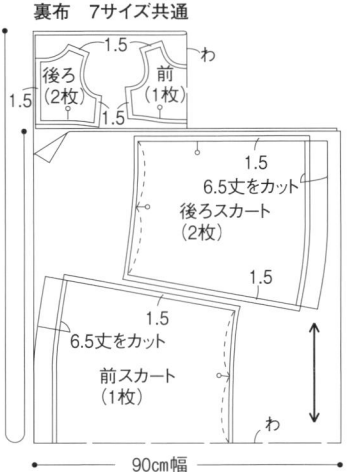

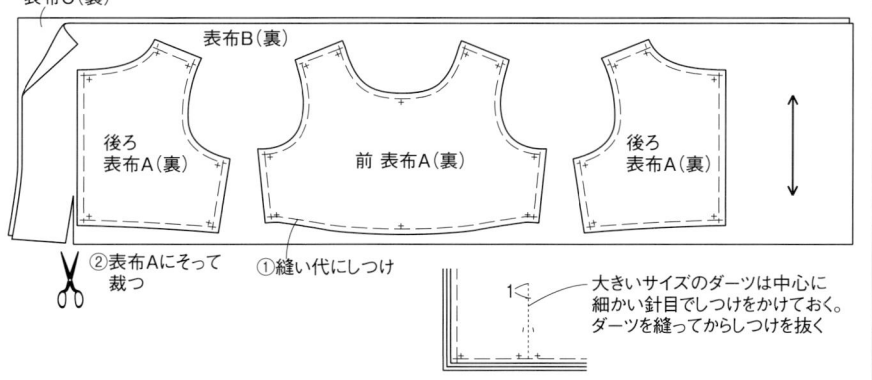

B-3 写真 p.7
シフォンをかさねた ハイウエストのドレス

パターン（B-3）
後ろ身頃　前身頃　前後スカート

裁ち方のポイント
表布B、Cには2色のシフォンを使う。まずスカートを裁合せ図に示した丈で2枚裁ち、残りを身頃分にする。スカートを裁つときは布の耳に少しはさみを入れて手で裂き、裾はそのまま裂いた端を、両脇には耳を使う。表布B、Cの身頃は、粗裁ちの2枚を重ね、その上に表布Aで裁断した身頃を置き、縫い代にしつけをかけて裁断をし、3枚重ねの身頃を1枚の表布として縫い合わせる。→図

作り方
1　表身頃、裏身頃の肩をそれぞれ縫う。大きいサイズはダーツを縫ってから肩を縫う。
2　衿ぐり、袖ぐりを縫い返す。→図
3　表、裏身頃の脇を続けて縫う。（→p.52）
4　表布Aのスカートを縫い合わせる。タックをたたんでしつけで押さえ、後ろ中心、脇を縫い、裾を折り上げてまつる。
5　表布B、Cの後ろスカートを重ねて、後ろ中心にあきを作る。→図
6　表布B、Cの後ろスカート、前スカートのウエストをそれぞれ2枚一緒にギャザーを寄せ、表布Aのスカート表面に重ねて、ウエストにしつけをかける。→図
7　裏スカートを縫い合わせる。（→p.53）
8　表身頃と表スカートのウエストを縫い合わせる。（→p.53）
9　後ろ中心にファスナーを星どめでつける。→図
10　裏スカートをつけ、裏身頃の後ろ中心、ウエストをまつり、衿ぐり、袖ぐりに星どめをする。（→p.54）
11　ホックと糸ループをつける。（→p.69）

材料

材料(幅) \ サイズ	100	110	120	130	140	150	160
表布A(115)	120	130	140	180	190	200	210
表布B(108)	130	140	150	170	180	200	210
表布C(108)	130	140	150	170	180	200	210
裏布(90)		190			230		240
グログランリボン(1.2)		250			280		300

接着テープ(1.5)適宜、コンシールファスナー56cm1本、ホック1個

*単位はcm

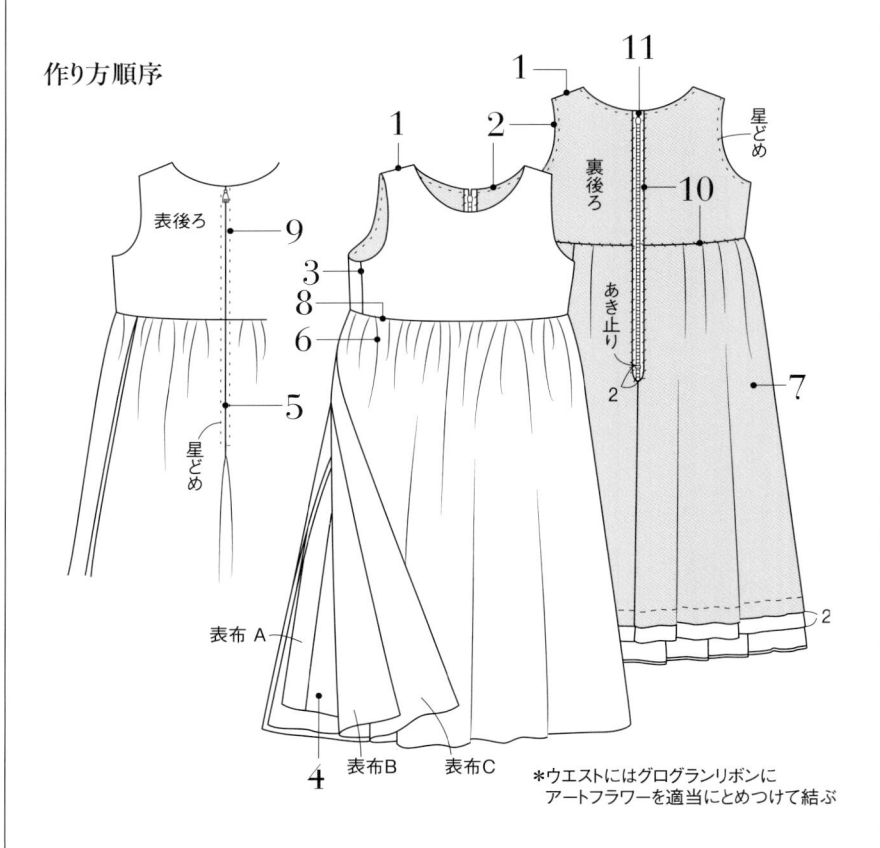

作り方順序

*ウエストにはグログランリボンにアートフラワーを適当にとめつけて結ぶ

表布B、Cの身頃の裁ち方

①縫い代にしつけ
②表布Aにそって裁つ

大きいサイズのダーツは中心に細かい針目でしつけをかけておく。ダーツを縫ってからしつけを抜く

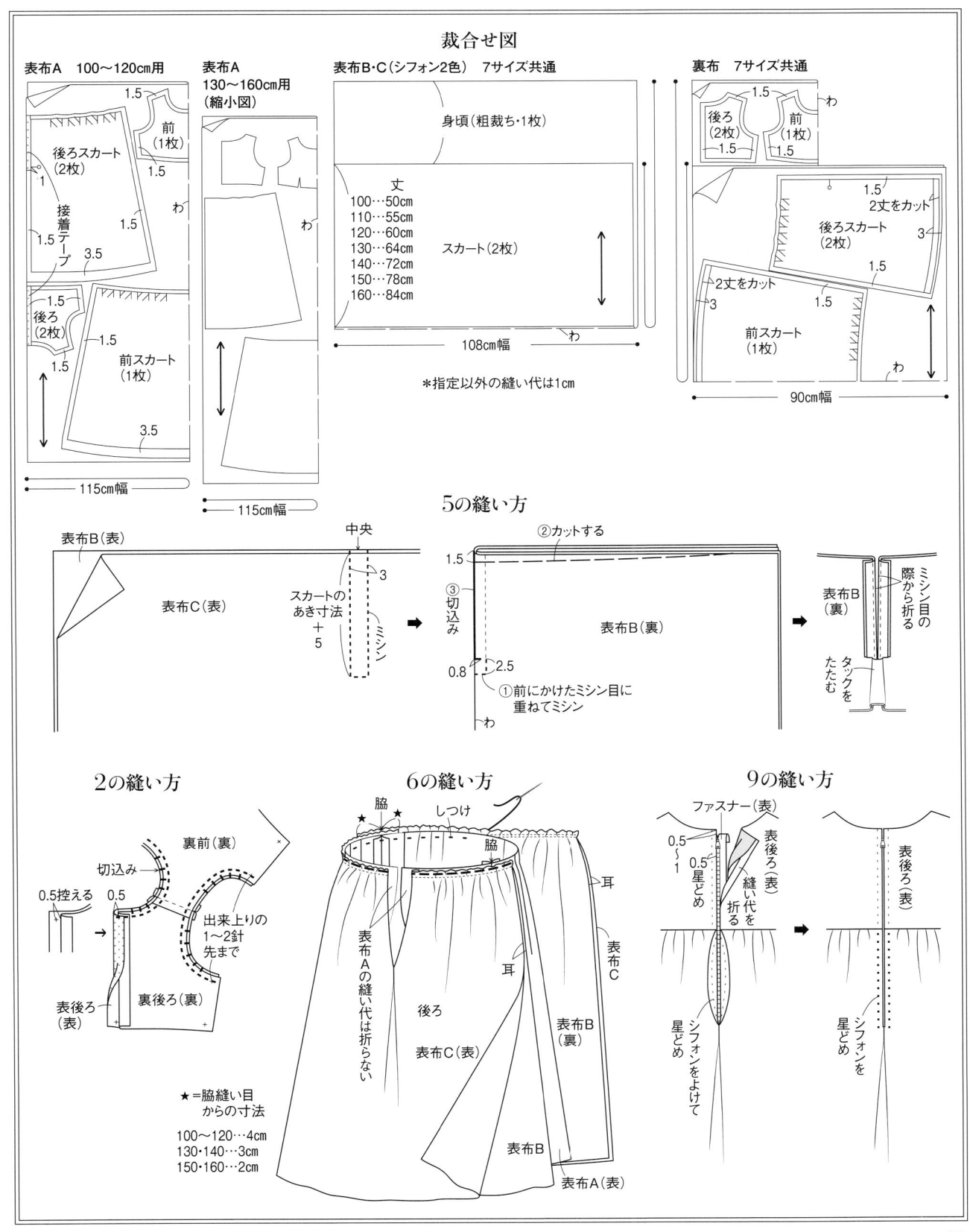

裁合せ図

表布A 100〜120cm用
- 後ろスカート（2枚） 1.5
- 接着テープ 1.5
- 前（1枚） 1.5
- 後ろ（2枚） 1.5
- 前スカート（1枚） 3.5
- 115cm幅

表布A 130〜160cm用（縮小図）
- 115cm幅

表布B・C（シフォン2色） 7サイズ共通
- 身頃（粗裁ち・1枚）
- スカート（2枚）
- 丈
  - 100…50cm
  - 110…55cm
  - 120…60cm
  - 130…64cm
  - 140…72cm
  - 150…78cm
  - 160…84cm
- 108cm幅
- ＊指定以外の縫い代は1cm

裏布 7サイズ共通
- 後ろ（2枚） 1.5
- 前（1枚） 1.5
- 後ろスカート（2枚） 2丈をカット 3 1.5
- 前スカート（1枚） 2丈をカット 3 1.5
- 90cm幅

5の縫い方
- 表布C（表）
- 表布B（表）
- 中央
- スカートのあき寸法＋5
- ミシン
- ②カットする
- 1.5
- ③切込み
- 0.8 2.5
- ①前にかけたミシン目に重ねてミシン
- 表布B（裏）
- ミシン目の際から折る
- タックをたたむ

2の縫い方
- 裏前（裏）
- 切込み
- 0.5控える 0.5
- 出来上りの1〜2針先まで
- 表後ろ（表）
- 裏後ろ（裏）

6の縫い方
- 脇 しつけ 脇
- 耳
- 表布Aの縫い代は折らない
- 後ろ
- 表布C（表）
- 表布B（裏）
- 表布B
- 表布A（表）
- ★＝脇縫い目からの寸法
  - 100〜120…4cm
  - 130・140…3cm
  - 150・160…2cm

9の縫い方
- ファスナー（表）
- 0.5〜1
- 0.5 星どめ
- 表後ろ（表）
- 縫い代を折る
- シフォンをよけて
- 星どめ
- 表後ろ（表）
- シフォンをよける

B-4 写真p.24
花レースをのせたハイウエストのドレス

材料(幅) \ サイズ	100	110	120	130	140	150	160
表布(130)	160	170	190	200	220	230	
ケミカルレース(92)	60				80		
裏布(90)	120	130	140	150	160	170	
接着芯	10×30						
接着テープ(1.5)適宜、スナップ7～8組み							

*単位はcm

パターン（B-4）
後ろ身頃　前身頃
＊スカートはp.59の製図に示した寸法でパターンを作る。

裁ち方のポイント
レースはウエストラインに花のモチーフが並ぶように裁ちたいので、前身頃はパターンを下図のように操作してウエストラインをまっすぐにする。レースを裁つときは、モチーフの位置を見ながらパターンを配置する。出来上がり線を水で消えるタイプの印つけペンなどでかき、線の外側をモチーフにそってカットする。

作り方
1　表身頃、裏身頃の肩をそれぞれ縫う。大きいサイズはウエストダーツを縫ってから肩を縫う。
2　表左後ろ見返し端を裏左後ろと縫い合わせる。（→p.43）
3　表、裏身頃を中表に合わせて衿ぐり～右後ろ端、袖ぐりを縫い、表に返して整える。
4　中表に合わせた表身頃の脇から続けて裏身頃の脇を縫う。
5　後ろスカートにあきを作る。→図
6　表スカートの裾にギャザーを寄せ、裏スカートと縫い合わせる。→図
7　中表に合わせた表スカートの脇から裏スカートの脇を縫う。→図
8　表、裏スカートのウエストに、別々にギャザーを寄せ、2枚のウエストを一緒にして、表身頃と縫い合わせる。
9　裏身頃のウエストをまつり、衿ぐり、袖ぐりに星どめをする。
10　レースの身頃を、ダーツ、肩、脇の順に縫い合わせる。→図
11　レースの身頃を表身頃に重ね、表から端を粗く返し縫いでとめる。レースの残り布からモチーフを切り取り、衿ぐり、袖ぐり、ウエストにのせてとめる。
12　後ろあきにスナップをつける。
13　ボーを作り（p.43ループの作り方で0.7cm幅にする）、蝶結びにして後ろ中心にとめる。

作り方順序

星どめ（→p.43）
裏後ろ
0.7
縫いとめる
凹スナップ
左後ろ
控え
右後ろ（表）
12
あきの中間につける

[スナップ位置]
凸スナップ
裏右後ろ（表）
モチーフの端につける
スナップのつけ方は（→p.67）

レース用前身頃のパターン操作

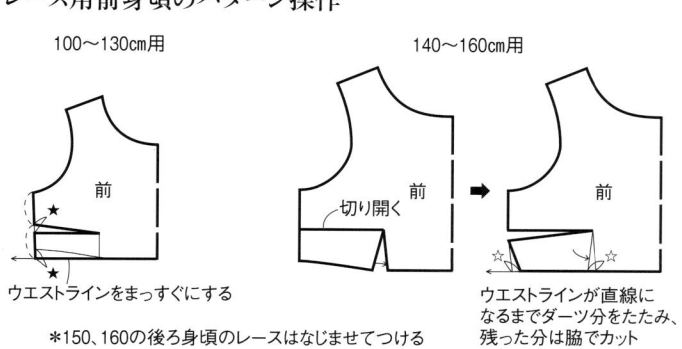

100～130cm用
前
ウエストラインをまっすぐにする

140～160cm用
切り開く　前　→　前
ウエストラインが直線になるまでダーツをたたみ、残った分は脇でカット

＊150、160の後ろ身頃のレースはなじませてつける

スカートの製図

- ∅（表布ウエスト）
- 1.5
- 前
- 後ろ
- ギャザー
- （裏布ウエスト）
- ×
- あき止り（後ろ）
- 表布前後中心わ
- 裏布前後中心わ
- 前後スカート
- （裏布の丈）
- （表布の丈）
- 裾出来上り
- ◎（折返し分）
- 裏布
- 表布・ギャザー

裁合せ図

表布 7サイズ共通

- 3.5
- 3.5
- 1.5
- 後ろ（2枚）
- 見返し（左）
- 右
- 右
- 中心
- 1.5
- 2.5
- ボー（1枚）
- 1.5
- 1.5
- 後ろスカート（1枚）
- 100〜120…65cm
- 130・140…70cm
- 150・160…75cm
- 1.5
- 前スカート（1枚）
- 130cm幅

レース 7サイズ共通

- 前（1枚）
- 後ろ（1枚）
- 後ろ（1枚）
- 92cm幅

裏布 7サイズ共通

- 1.5
- わ
- 後ろ（2枚）
- 1.5
- 前（1枚）
- 中心
- 1.5
- 後ろスカート（1枚）
- 1.5
- 前スカート（1枚）
- 90cm幅

＊指定以外の縫い代は1cm
＊▨…接着芯、接着テープをはる位置

寸法表

サイズ		100	110	120	130	140	150	160
表布	∅	54	56	58	61	62	63	63.5
表布	△	49	54	59	65	70	76	81
表布	◎	5	5	6	6	7	7	8
裏布	●	37	37	39	39	42	42	43.5
裏布	▲	39	42	47	51	56	60	65
裏布	×	17	17	19	19	22	22	22

＊単位はcm

5・6の縫い方

- 合い印
- 2.5
- 中央に切込み
- あき止り
- 表後ろスカート（表）
- 裏後ろスカート（裏）
- ウエストと同じように等分位置に合い印
- 縫い代に粗い針目でミシン

↓

- 表後ろスカート（表）
- 裏後ろスカート（表）
- 裏布
- 表布
- 表布
- まつる
- 裏布
- 1
- ギャザーを寄せて縫い合わせる（前スカートも同じ）

7の縫い方

- 表後ろスカート（裏）
- 裏前スカート（裏）
- 表裏の脇を続けて縫う
- 表前スカート（裏）

10の縫い方

- モチーフにそって切る
- 前（表）
- ダーツの線を合わせて重ねる
- モチーフの端をまつる
- ダーツ
- 出来上り線
- 肩、脇も同じように出来上り線を重ねてまつる

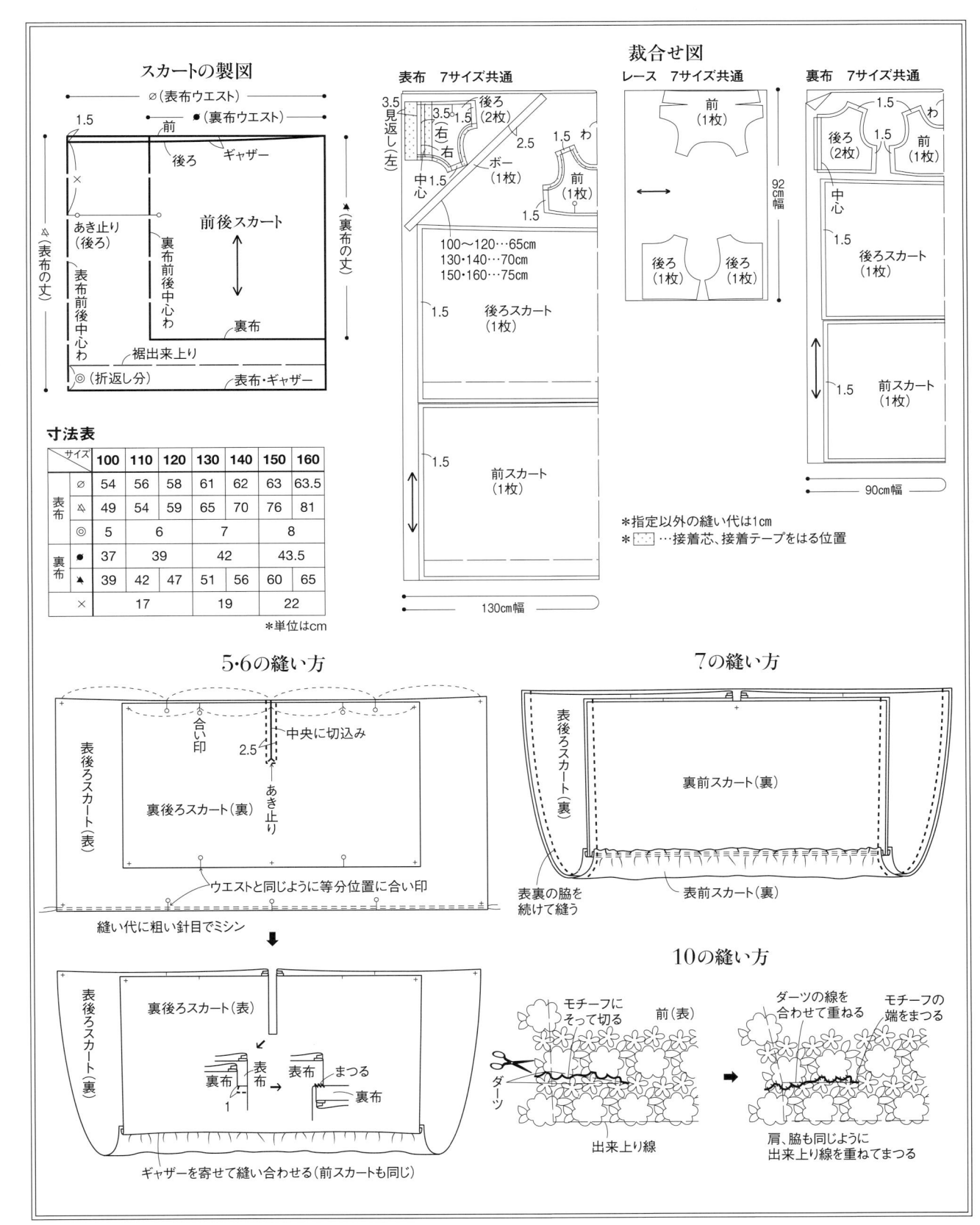

C-1 p.22

レースの替え衿のついた丸ヨークのドレス

丸いヨークはパンピースというウールの芯を入れて、ソフトに仕上げます。後ろのあきはループどめ、レースのスペアカラーは取り外しができるよう、最後にまつります。

材料

材料(幅) \ サイズ	100	110	120	130	140	150	160
表布(100)	170	180	190	250	260	280	300
裏布(90)	150	160	170	190		210	
接着芯(90)	35			40		45	
パンピース(芯・75)	20			30			
レース(12.5)	180		200		220	230	
ギャザーレース(3)	160	170	180	190	200	210	220

接着テープ(1.5)適宜、ボタン直径1.1cm5個、スナップ3組み

*単位はcm

縫い始める前に

1 パターンを用意する

付録の実物大パターンの中からC-1の後ろ身頃、後ろヨーク、前身頃、前ヨークのパターンを別紙に写し取る。パターンは7サイズあるので、サイズを間違えないように注意し、布目線、合い印も写しておく。

2 布を裁つ

裁合せ図を参考に、布にパターンを配置し、縫い代をつけて布を裁つ。

表布
- 後ろ身頃、後ろヨークは、右は後ろ中心まで、左は持出し分をつけて裁断する。
- ヨークは裏ヨークも表布を使うので、それぞれ2枚ずつ裁つ。
- ループ、スペアカラー用のバイアス布は3cm幅で裁つ。

裏布
- 前後身頃を横地で裁断する。

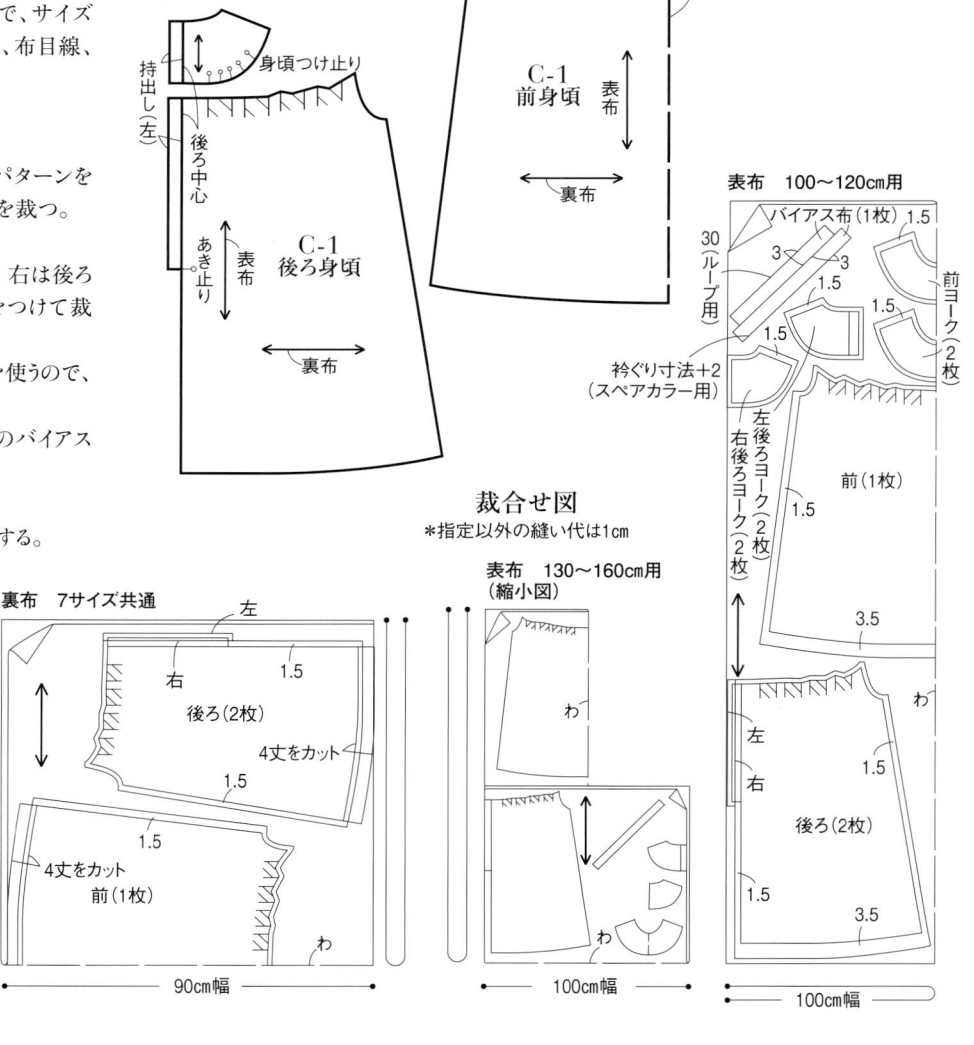

こうして縫いましょう

1 芯、接着テープをはる

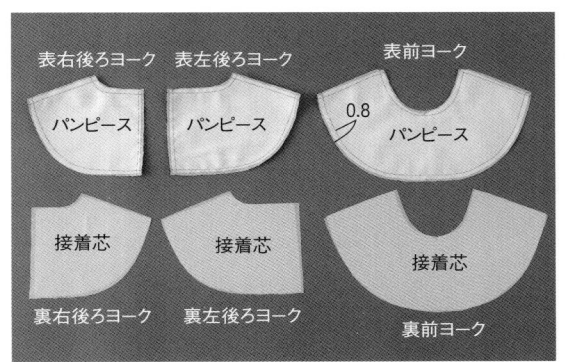

表右後ろヨーク　表左後ろヨーク　表前ヨーク
パンピース　パンピース　0.8　パンピース
接着芯　接着芯　接着芯
裏右後ろヨーク　裏左後ろヨーク　裏前ヨーク

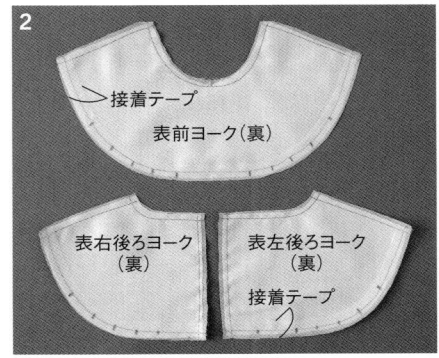

接着テープ
表前ヨーク（裏）
表右後ろヨーク（裏）　表左後ろヨーク（裏）
接着テープ

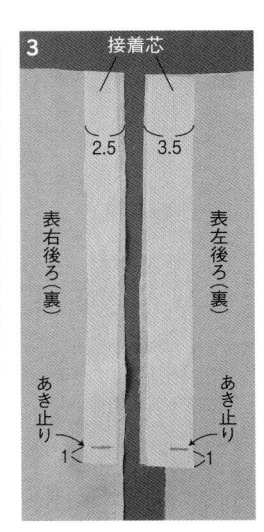

接着芯
2.5　3.5
表右後ろ（裏）　表左後ろ（裏）
あき止り　あき止り
1　1

1 表ヨークは裏面にパンピースを重ね、周囲の縫い代にミシンをかけてとめる。裏ヨークは裏面に接着芯をはる。

2 さらに表ヨークは下側に接着テープをはり、タック位置と身頃のつけ止りをしるしておく。

3 後ろ身頃のあきの部分に、あき止りの1cmぐらい下まで接着芯をはる。

2 身頃を縫い合わせる

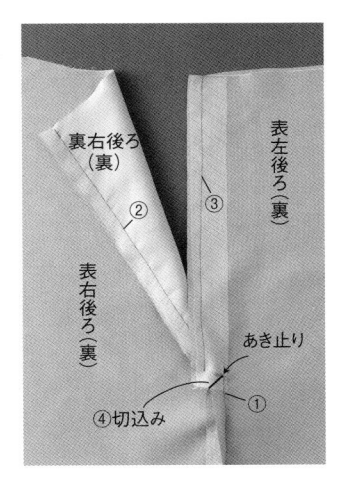

裏右後ろ（裏）　②　③　表左後ろ（裏）
表右後ろ（裏）
あき止り
④切込み　①

1 後ろのあきの部分を縫う。
①表布の後ろ中心をあき止りから裾まで縫う。裏布はあき止りの1cm下から縫う。
②表布と裏布の右後ろ端を中表に縫う。
③表布と裏布の左後ろ端（持出し端）を中表に合わせて縫う。
④表布、裏布とも左身頃の持出し下端の縫い代に、あき止りに向かって斜めに切込みを入れる。

2 後ろあきを表に返し、アイロンで整える。

3 持出し下端の縫い代を表、裏一緒に折り込んでまつる。次に図のように左身頃をめくって内側もまつる。

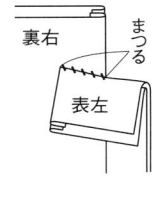

表左後ろ（表）
裏右後ろ（表）　裏左後ろ（表）

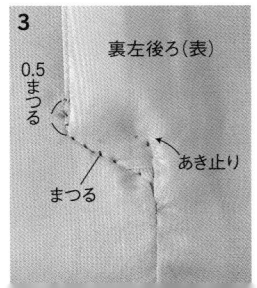

裏左後ろ（表）
0.5まつる
まつる　あき止り

裏右　まつる
表左

表後ろ（裏）　裏前（裏）
ジグザグミシン

4 表布、裏布ともそれぞれ前後の脇を中表に合わせて縫う。表布の縫い代は割り、裏布は前側に倒す。この後、表布は裾の裁ち端をジグザグミシンで始末しておく（→p.52）。

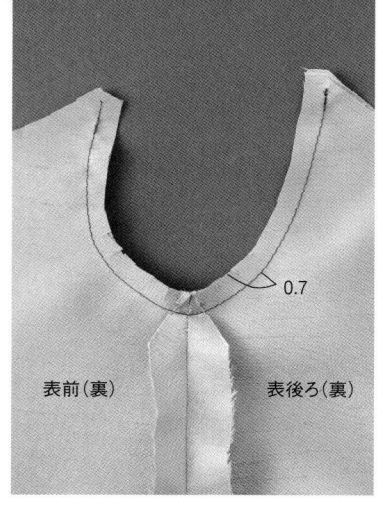

5 表布と裏布の袖ぐりを中表に合わせて縫う。縫い代を0.7cmぐらいにカットし、カーブの部分に切込みを入れてから、表に返してアイロンで整える。

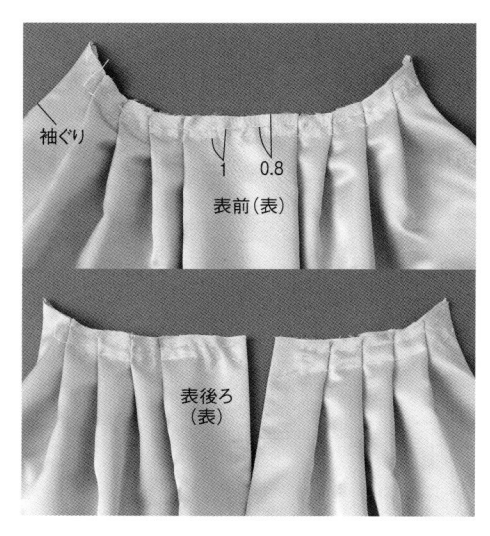

6 身頃のタックを表布、裏布を一緒にたたみ、しつけで押さえる。しつけは2本かけてしっかりとめる。

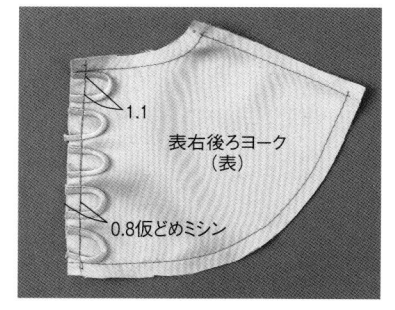

3 ヨークをつける

1 表布のバイアス布で4.5cmのループを5本作り(→p.43)、表右後ろヨークの後ろ中心の縫い代に縫いとめる。

2 表後ろヨークと裏後ろヨークを中表に合わせて後ろ端を縫う。表に返してアイロンで整えておく。

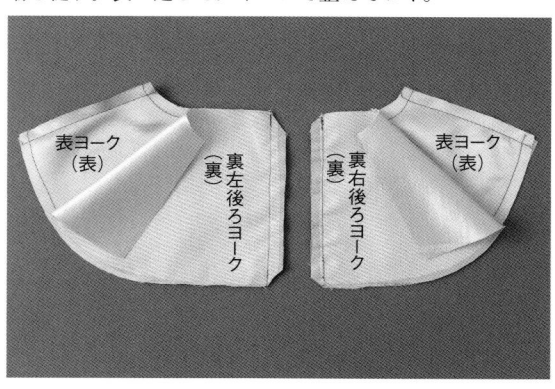

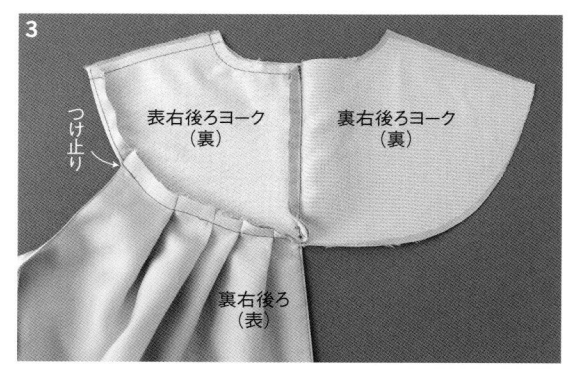

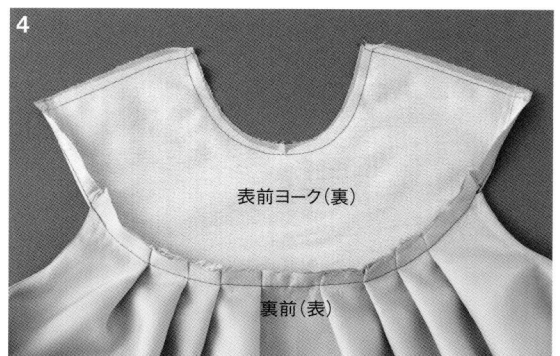

3 表右後ろヨークと右後ろ身頃を中表に合わせ、裏ヨークをよけて縫い合わせる。縫い代はヨーク側に倒してアイロンで整え、タックの押えじつけを抜く。左後ろ身頃も同様に縫い合わせる。

4 表前ヨークと前身頃を中表に合わせて縫う。縫い代はヨーク側に倒してアイロンで整え、タックの押えじつけを抜く。

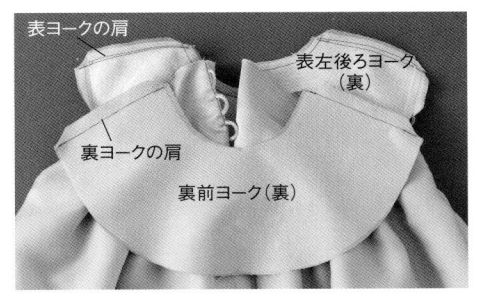

5 表、裏ヨークの前後の肩を、それぞれ中表に合わせて縫う。縫い代は割っておく。

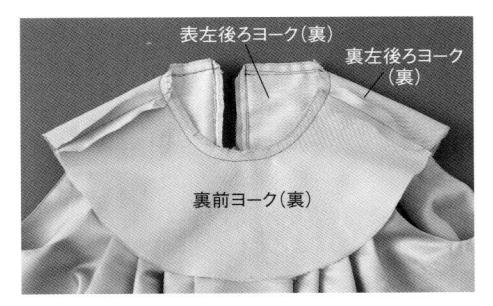

6 表、裏ヨークの衿ぐりを中表に合わせて縫い、縫い代に切込みを入れる。

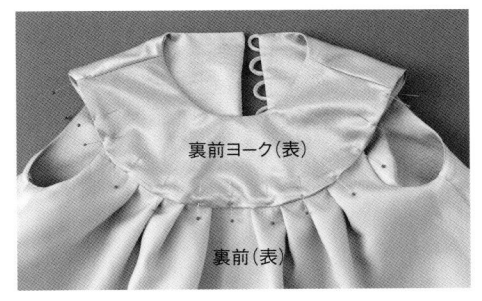

7 衿ぐりを表に返してアイロンで整える。裏ヨークの外回りの縫い代を折り込んでまち針でとめ、まつる。身頃つけ止りから上は針目が目立たないようにまつる。

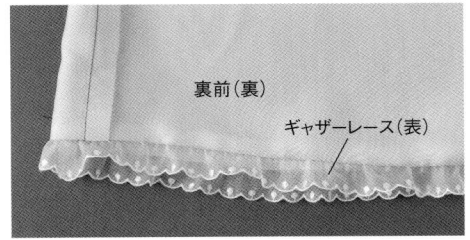

8 裏布の裾にギャザーレースをつける。裏布の裏面にギャザーレースの表面を合わせて縫い、縫い代を裏布側に倒して整える。

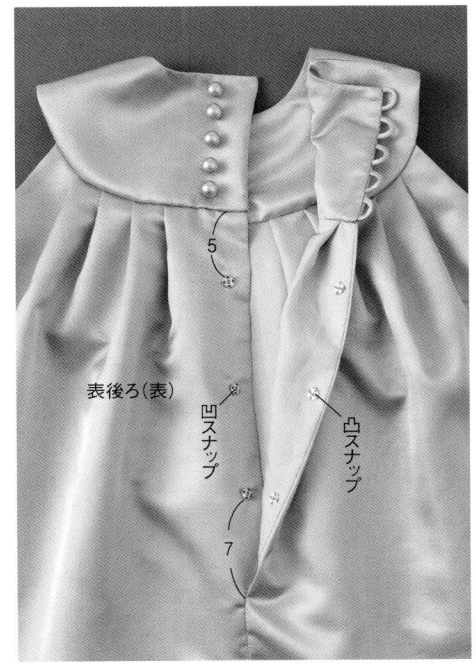

9 表布の裾を折り上げて奥をまつり（→p.49）、衿ぐり、袖ぐりに星どめをする（→p.44）。後ろのあきにはボタンとスナップをつける（→p.67）。

ワンピースの完成

4 スペアカラーを作る

レースの長さ

サイズ	上のレース	下のレース
100	68 (13)	100 (19)
110		
120	79 (15)	110 (21)
130		
140	89 (17)	120 (23)
150		131 (25)
160		

*単位はcm
*（ ）は写真のレースの場合のスカラップの数

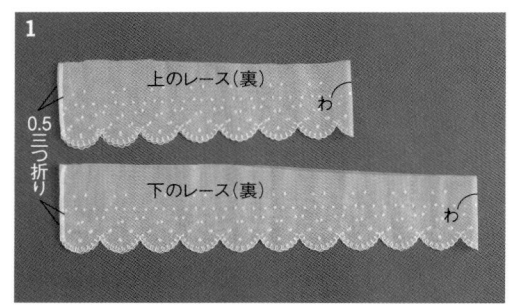

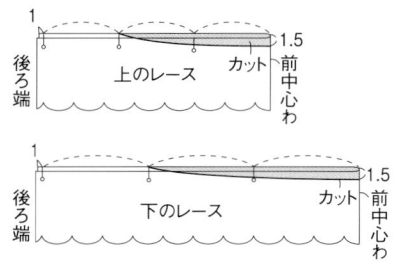

1 レースを2重にして作るので、上のレース、下のレースをそれぞれ表に示した寸法を用意する。写真のようなスカラップレースの場合は、表の寸法を参考に、スカラップの端が後ろ端になるように、長さを加減する。レースは2枚とも前中心側を図のように1.5cmカットし、3等分位置に合い印をつける。後ろ端は三つ折りにしてまつる。

2 レースのつけ側に粗い針目のミシンを2本かけ、糸をぎゅっと引いて縮め、縫い代を軽くアイロンで押さえておく。

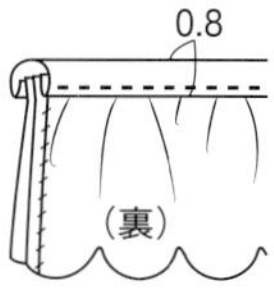

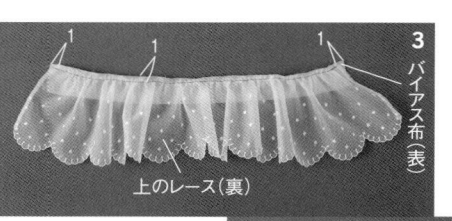

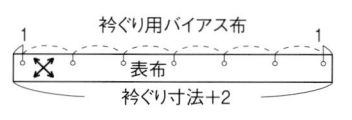

3 衿ぐり用のバイアス布に合い印をつけ、上のレース（短いほう）を中表に重ねる。合い印を合わせてレースのギャザーを均等にし、1cmの縫い代で縫う。

4 3のレースにもう1枚のレースを、裏面を上にして重ねる。合い印を合わせてギャザーを均等にし、3のミシン目に重ねて縫う。

5 縫い代を0.7cmぐらいに裁ちそろえ、バイアス布でくるんで押えミシンをかける。バイアス布の両端はレースに合わせて裁ちそろえてまつる。スペアカラーの出来上り。

6 ワンピースの衿ぐりの内側に粗くまつりつける。まつり始めと終りの玉結びは内側に隠さずに、わかるようにしておくと、はずすときにほどきやすい。

C-2 写真 p.16

フリルリボンで縁どった丸ヨークのドレス

パターン（C-2）
後ろ身頃　後ろヨーク
前身頃　前ヨーク

作り方

詳しい縫い方はp.60〜p.64参照。
ヨークに芯と接着テープをはる。

1. 後ろ中心を縫ってあきを作る。
2. 表布、裏布の脇をそれぞれ縫う。
3. 身頃の袖ぐりを縫い返す。
4. ヨークの後ろ端を縫う。右ヨークは5cmにカットしたコードをループにして縫いはさむ。
5. 前後とも身頃のタックをたたみ、表ヨークと縫い合わせる。
6. 表、裏ヨークの肩を縫う。
7. 衿ぐりを縫い返し、裏ヨークをまつる。
8. 裏布の裾を三つ折りにしてミシンで縫う。（→p.53）
9. 表布の裾をまつり、衿ぐり、袖ぐりに星どめをする。
10. ヨークの周囲と裾にフリルリボンをまつりつける。
11. くるみボタンを作ってつけ、スナップもつける。

材料

材料(幅) \ サイズ	100	110	120	130	140	150	160
表布(88)	230	240	250	290	320	330	
裏布(90)	150	160	170	180	190	200	210
接着芯(90)	35			40		45	
パンピース(芯・75)	20			30			
フリルリボン(1.6)	400	410	420	440	460	490	510

接着テープ(1.5)適宜、コード(0.2)20cm、くるみボタン直径1.5cm3個、スナップ3組み

＊単位はcm

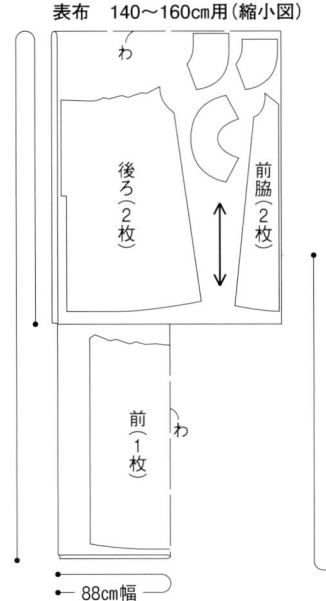

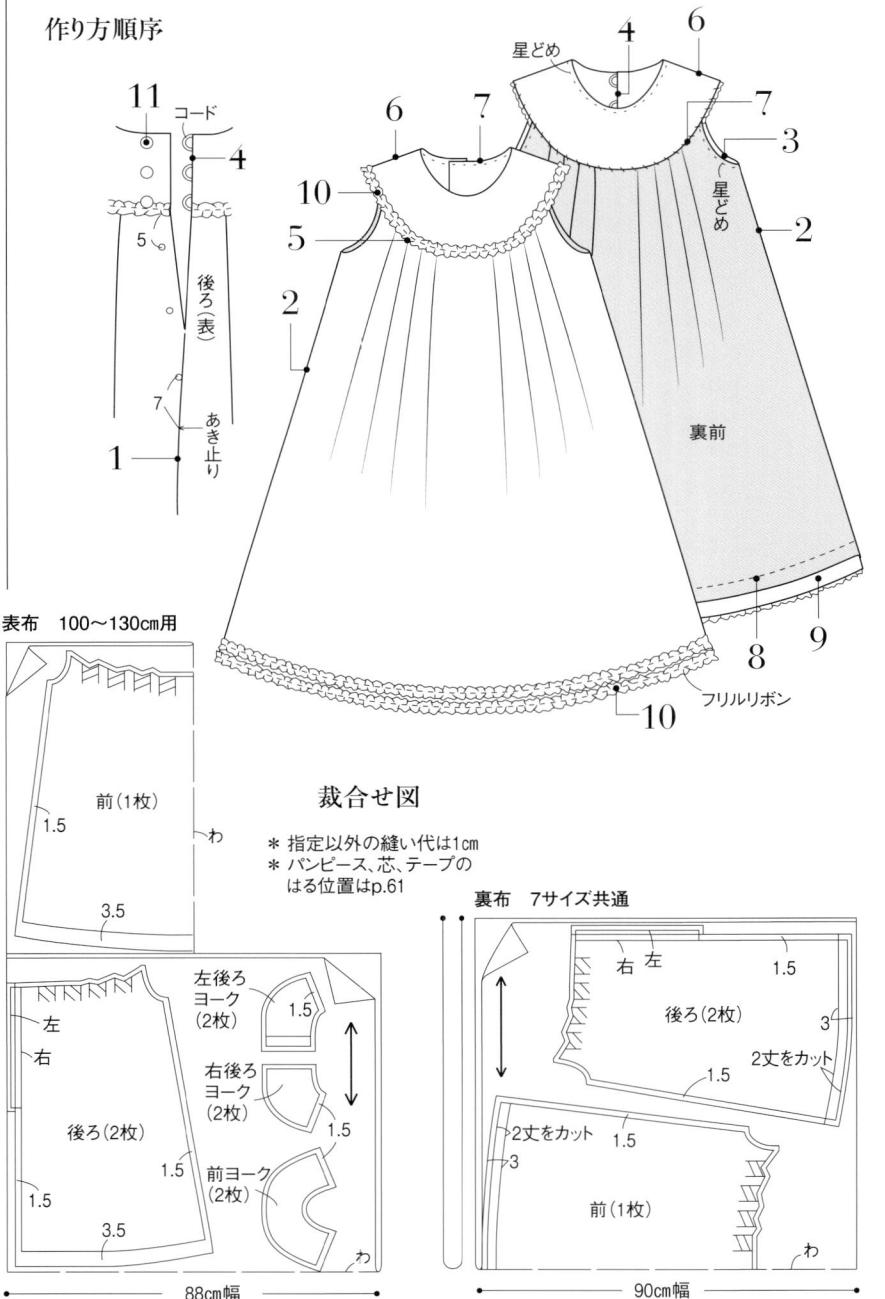

裁合せ図

＊指定以外の縫い代は1cm
＊パンピース、芯、テープのはる位置はp.61

C-3 写真 p.37
レイアードの丸ヨークのドレス

パターン（C-3）
後ろ身頃　後ろヨーク
前身頃　前ヨーク
＊身頃のパターンは下図のように、中心から2本めのタック位置でたたんで身幅を狭くし、上下のラインを訂正する。スカートとリボンのパーツは製図の寸法で長方形のパターンを作る。

作り方
ヨークに芯と接着テープをはる。（→p.61）
1　表布と裏布の後ろ中心をそれぞれ縫い、あきを作る。（→p.61）
2　表布、裏布の脇をそれぞれ縫う。
3　袖ぐりを縫い返す。（→p.62）
4　前後とも身頃の上端に、表布、裏布一緒にギャザーを寄せる。
5　ヨークの後ろ端を縫う。右ヨークは、5cmにカットしたコードをループにして縫いはさむ。（→p.62）
6　表ヨークと4の身頃を縫い合わせる。
7　表、裏ヨークの肩を縫う。（→p.63）
8　衿ぐりを縫い返す。（→p.63）
9　裏ヨークの外回りをまつる。（→p.63）
10　表、裏布ともスカート3枚を縫い合わせ、表スカートにギャザーを寄せて、裏スカートと縫い合わせる。→図
11　身頃にスカートをつける。表、裏スカートはそれぞれギャザーを寄せ、まず表身頃と表スカートを合い印を合わせて縫う。次に裏スカートの合い印を、表スカートの合い印の中間に合わせ、裾がねじれるようにして、表スカートのつけ位置の縫い代にミシンでとめる（→図）。裏身頃の裾は縫い代を折ってまつり、衿ぐり、袖ぐりに星どめをする。（→p.54）
12　くるみボタンを作ってつけ、スナップもつける。（→p.67）
13　リボンを5個作り（→図）、肩先と切替え線に縫いとめる。つけ位置はバランスを見て決める。

材料

材料(幅)	サイズ	100	110	120	130	140	150	160
表布(110)		250	260	270	280	300	340	380
裏布(90)		140	150		170		200	
接着芯(90)		30				40		
パンピース(芯・75)		30				35		
コード(0.3)30cm、くるみボタン直径1.5cmを5個、スナップ3組み								

＊単位はcm

作り方順序

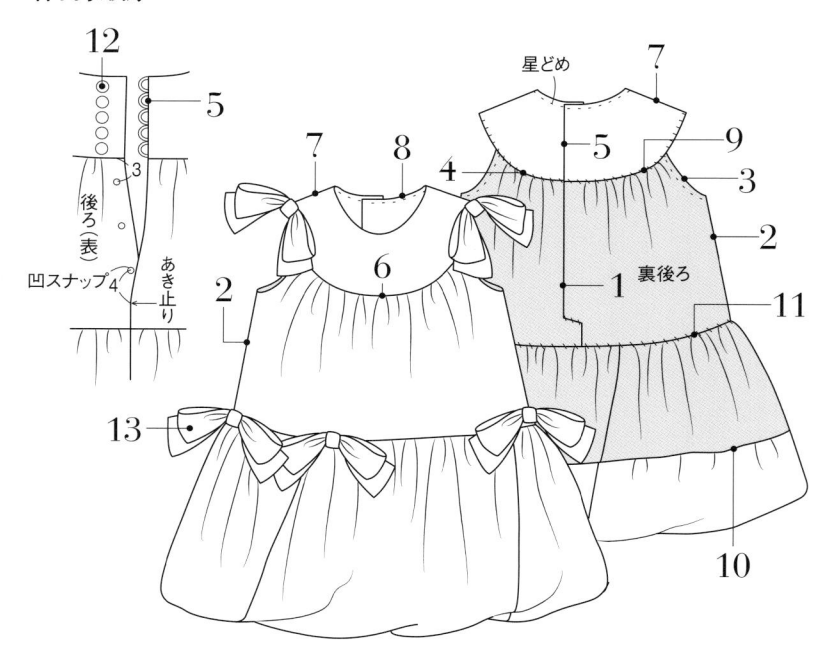

身頃のパターン操作

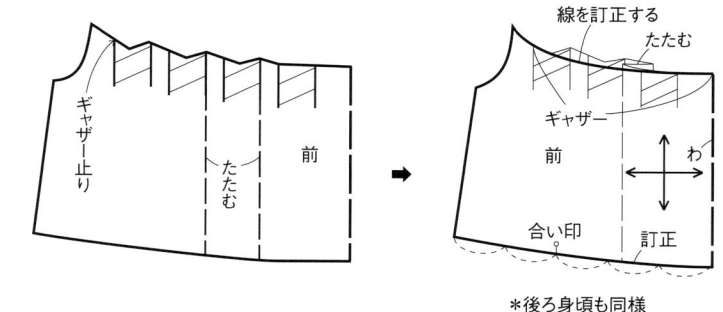

＊後ろ身頃も同様

スカートの製図

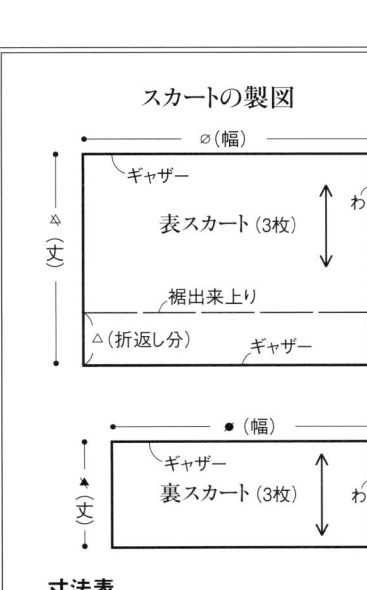

表スカート(3枚)
- ∅(幅)
- ギャザー
- 裾出来上り
- △(折返し分)
- ギャザー
- 丈
- わ

裏スカート(3枚)
- ●(幅)
- ギャザー
- 丈
- わ

裁合せ図

*指定以外の縫い代は1cm

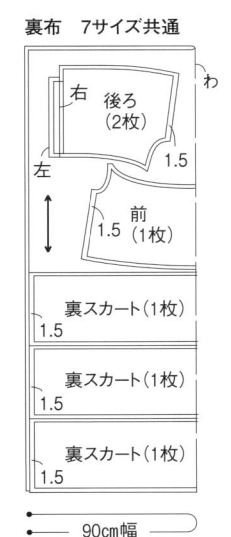

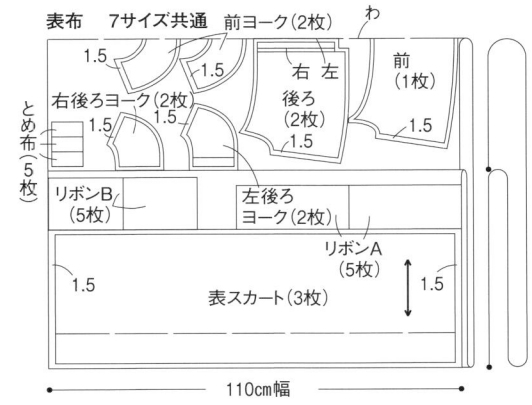

裏布　7サイズ共通
- 右 後ろ(2枚)
- 左 前(1枚) 1.5
- 裏スカート(1枚) 1.5
- 裏スカート(1枚) 1.5
- 裏スカート(1枚) 1.5
- わ
- 90cm幅

表布　7サイズ共通
- 前ヨーク(2枚) 1.5
- 右 左 後ろ(2枚) 1.5
- 前(1枚) 1.5
- 右後ろヨーク(2枚) 1.5
- 左後ろヨーク(2枚)
- とめ布(5枚)
- リボンB(5枚)
- リボンA(5枚)
- 表スカート(3枚) 1.5
- わ
- 110cm幅

寸法表

	サイズ	100	110	120	130	140	150	160
表布	∅	45	46	47.5	48.5	50.5	52.5	53.5
	▲	31	34	36	39	41	43.5	45
	△	7	8	9	10	11	11	11
裏布	●	40	40	41	41	42	42	43
	▲	17	18	18	19	21	21.5	23

*単位はcm

10の縫い方

裏スカート(裏)
表スカート(裏)
前中心 / 脇 / 後ろ中心
①②③

11の縫い方

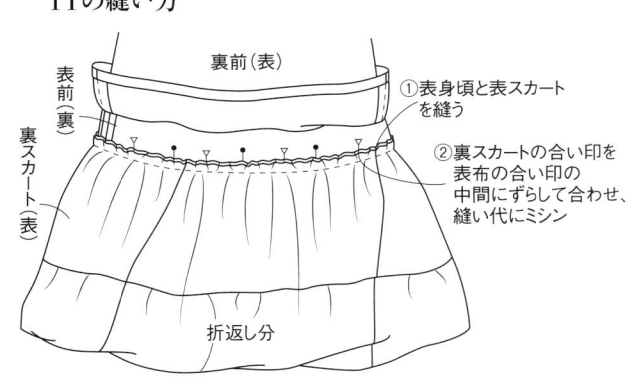

裏前(表)
表前(裏)
裏スカート(表)
折返し分

① 表身頃と表スカートを縫う
② 裏スカートの合い印を表布の合い印の中間にずらして合わせ、縫い代にミシン

12の縫い方

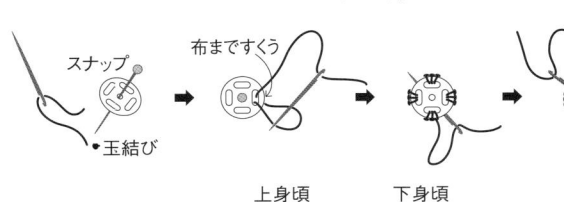

スナップ
玉結び
布まですくう
玉どめ

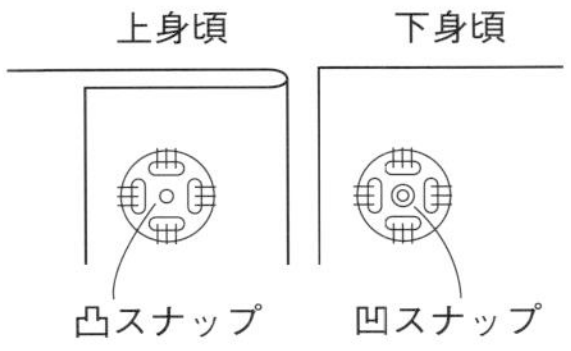

上身頃 / 下身頃
凸スナップ / 凹スナップ

13の縫い方

リボンB(裏)
3.5
3.5
ワンピース
しつけ

1　4残す　1 (裏)

2 (裏) 2
1　　　1

リボンB(表)

リボンA
作り方→p.69
とめ布
巻く
A B

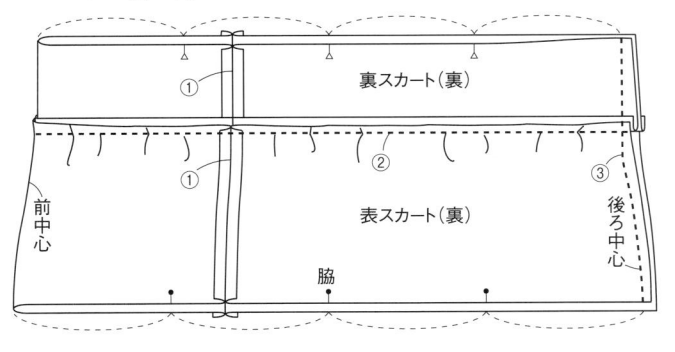

リボンのパーツの寸法 (横×縦)

サイズ	100・110・120	130・140	150・160
リボンA	30×12	32×13	34×14
リボンB	19×14	20×15	21×16
とめ布	4×8	4.5×8.5	5×9

*単位はcm

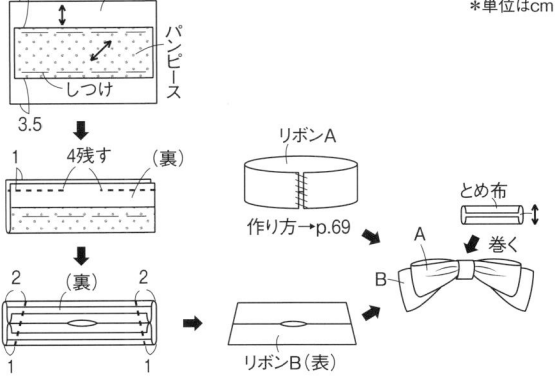

C-4 写真 p.29
白い替え衿のついた丸ヨークのドレス

パターン（C-4）
後ろ身頃　前身頃
後ろヨーク　前ヨーク

裁ち方のポイント
スペアカラーはヨークのパターンを使って別布で裁つ。外回りに2cmの縫い代をつけ、1cmのところを縫って、ヨークより一回り大きく仕上げる。

作り方
1　表、裏布ともそれぞれ身頃のタックをたたんでしつけで押さえる。
2　表、裏布の脇をそれぞれ縫う。表布は縫い代を割り、表面から脇縫い目にサテンリボンをのせて縫いとめる。裏布の縫い代は前側に倒す。→図
3　表、裏身頃の袖ぐりを中表に合わせて縫い、表に返して整える。
4　身頃に表ヨークをつける。前身頃は表、裏布を一緒に表ヨークと縫い合わせる。後ろ身頃は裏布をはずし、表布だけを表ヨークと縫い合わせる。縫い代はヨーク側に倒し、ヨークのつけ止から上の縫い代は折っておく。
5　表布の後ろ中心はあき止りから下を縫い、コンシールファスナーをつける。裏布の後ろ中心はあき止りの1cm下から裾までを縫う。（→p.53）
6　表、裏ヨークの肩を縫う。（→p.63）
7　衿ぐりを縫い返す。（→p.63）
8　裏後ろ身頃を表ヨークつけの縫い代に粗く手縫いでとめ、後ろ中心の縫い代は折ってまつる。
9　裏ヨークの後ろ中心、外回りの縫い代を折ってまつり、袖ぐり、衿ぐりに星どめをする。
10　裏布の裾を三つ折りにしてミシンで縫う。（→p.53）
11　表布の裾をまつる。（→p.49）
12　ホックと糸ループをつける。（→p.69）
13　スペアカラーを作る。表衿にはパンピースを当て、裏衿には接着芯をはる。（→p.61）。台衿、リボン布にもパンピースを当てる。肩を縫い、外回りを縫い返して台衿、リボンをつける。→図

材料

材料(幅)	サイズ	100	110	120	130	140	150	160
表布(150)		70	80		100		110	120
別布(115)		30		40			50	
裏布(90)		110	120	130	140	150	160	170
パンピース(芯・75)			30			40		
接着芯(90)			40			50		
サテンリボン(2・2.5)		(2)100	(2)110	(2)120	(2.5)130	(2.5)140	(2.5)150	

接着テープ(1.5)適宜、コンシールファスナー56cm1本、ホック3個

＊単位はcm

作り方順序

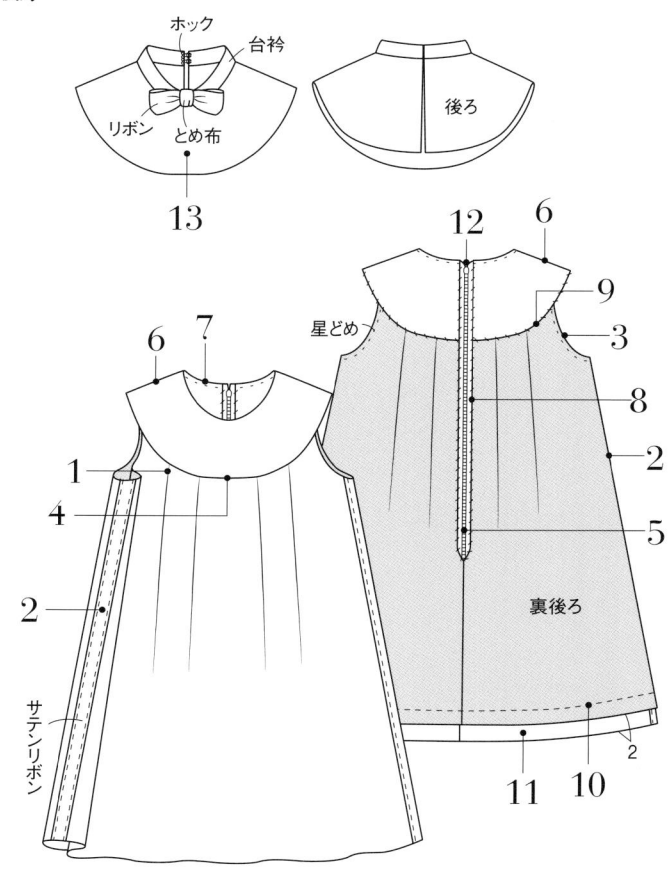

＊スペアカラーは、ヨークの後ろ衿ぐり(7)のあたりでとめておくと着くずれしなくてよい

裁合せ図

*指定以外の縫い代は1cm
* ▨ …接着芯、接着テープをはる位置

表布 100〜150cm用
- 裏後ろヨーク(2枚)
- 表後ろヨーク(2枚)
- 前ヨーク(2枚)
- 後ろ(2枚)
- 前(1枚)
- わ
- 1.5 / 1 / 3.5
- 150cm幅
- ヨークは表ヨークに接着芯と接着テープ、裏ヨーク背中心に接着テープ

表布 160cm用(縮小図)
- 150cm幅

裏布 7サイズ共通
- 前(1枚)
- 後ろ(2枚)
- わ
- 2丈をカット 3
- 1.5
- 90cm幅

別布 7サイズ共通
- 台衿(1枚) ↑衿ぐり寸法↓
- 裏前ヨーク(1枚)
- 裏後ろヨーク(2枚)
- 表後ろヨーク(2枚)
- 表前ヨーク(1枚)
- リボン(1枚)
- とめ布(1枚)
- 115cm幅

台衿幅、リボン、とめ布の寸法表

サイズ	100・110・120	130・140	150・160
台衿の幅(●)	2	2.2	2.5
リボン	20×10	22×11	24×12
とめ布	4×6	4.5×6.5	5×7

*単位はcm

2の縫い方

- 後ろ(表) / 前(表)
- 0.1 / 0.1
- サテンリボン
- ミシンをかける方向
- 脇

12の縫い方

- 1針すくう → 裏から出す → 糸ループ

13の縫い方

- 後ろ裏衿(表) / 後ろ表衿(裏)
- 前表衿(裏)
- 角はカット
- パンピースを当てる
- 1

- リボン(裏) / パンピース(✕)
- 3
- リボンを作る
- (裏) / (表) / わ / パンピース
- 突き合わせてかがる

- 台衿(裏) / パンピース(✕)
- ミシン / しつけ
- 1 / 1
- 端を中表にミシン
- 台衿(裏) / 表衿 / 裏衿
- 縫い代にミシン
- とめ布(表) / 台衿(裏) / はさむ
- 表衿(表)
- 台衿(表) / 裏衿 / 縫い代を折ってまつる
- とめ布を裏側でまつる
- リボン / 表衿 / とめ布

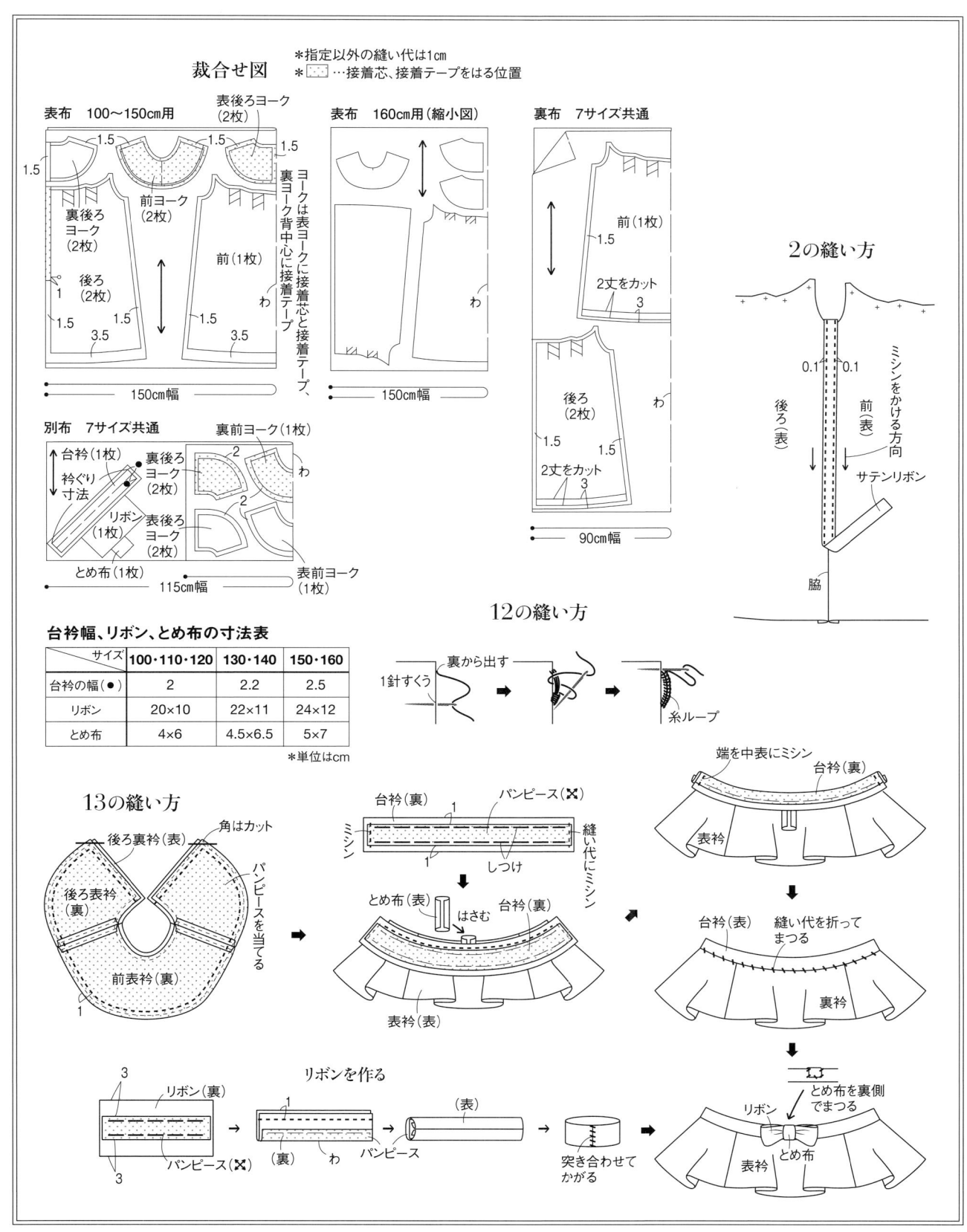

D-1 p.28

裾からフリルののぞく袖つきのAラインのドレス

Aラインのシルエットがきれいに出るようにバイアス裁ち。
後ろあきの大きなくるみボタンは、フリルと色を合わせて裏布で作ります。

材料

材料(幅)	サイズ	100	110	120	130	140	150	160
表布(152)		130	140		160	170	190	210
裏布(90)		190	210		240		330	
接着芯(90)			40			45		50
接着テープ(1.5)適宜、くるみボタン直径2.8cm 4個								

*単位はcm

縫い始める前に

1 パターンを用意する
付録の実物大パターンの中から、D-1の後ろ身頃、前身頃、袖のパターンを別紙に写し取る。パターンは7サイズあるので、サイズを間違えないように注意し、布目線、ボタン位置、袖つけ止めなどの合い印も写す。

2 布を粗裁ちする
表布、裏布とも裁合せ図を参考に、前後中心が正バイアスになるように身頃のパターンを布に配置する。バイアスの布目は伸びやすいので、作る前に自然に伸びる分を伸ばしてからきちんと裁断をする。そのために、まず周囲に縫い代を多めにつけて裁つ。袖は粗裁ちではなく、1cmの縫い代をつけて裁つ。
裏布は90cm幅のため、大きいサイズは布幅を一杯に使っても入らないので、はぎ目を入れて、はぎ合わせる。

3 粗裁ち布をつるす
表布、裏布とも粗裁ちをした身頃をハンガーにかけて一晩つるし、自然に伸びる分を伸ばす。

4 裁ち直す
粗裁ち身頃にもう一度パターンを当て、裁合せ図に破線で示した縫い代をつけて裁断する。

写し取るパターン

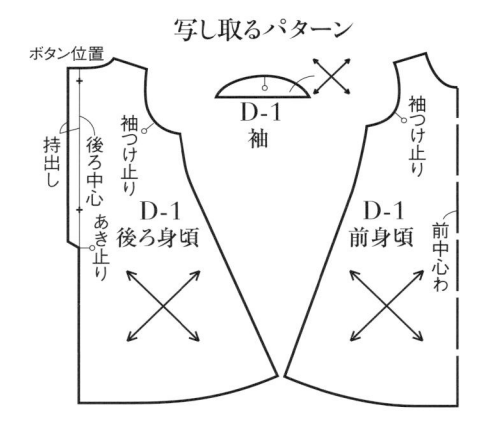

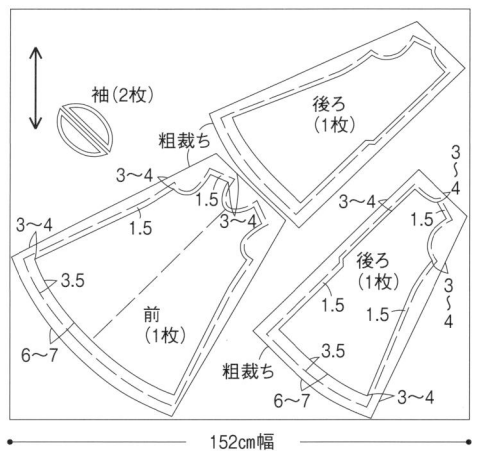

裁合せ図
*指定以外の縫い代は1cm

裏布 100～140cm用
*フリルの長さは裾回り寸法の2.7倍

表布 100～120cm用
152cm幅

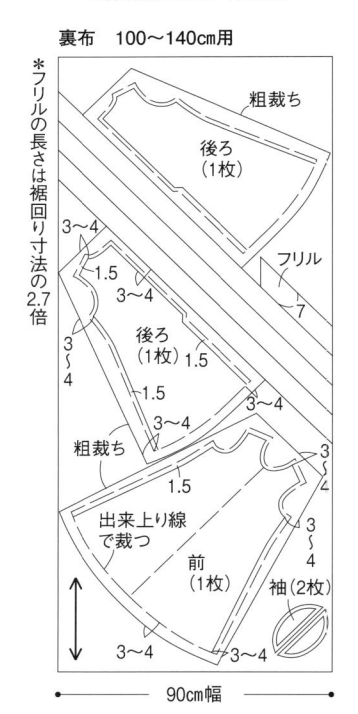

表布 130～160cm用（縮小図）
152cm幅

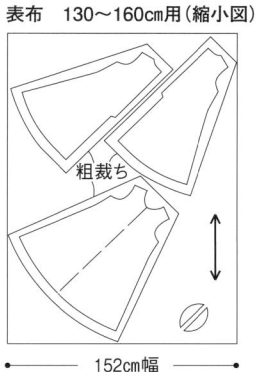

裏布 150・160cm用（縮小図）
90cm幅

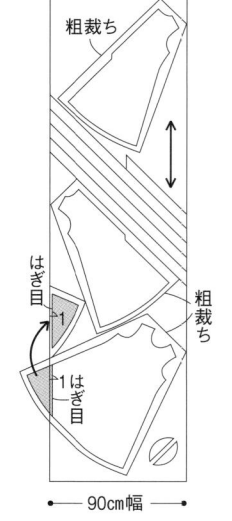

こうして縫いましょう

1 接着芯、接着テープをはる

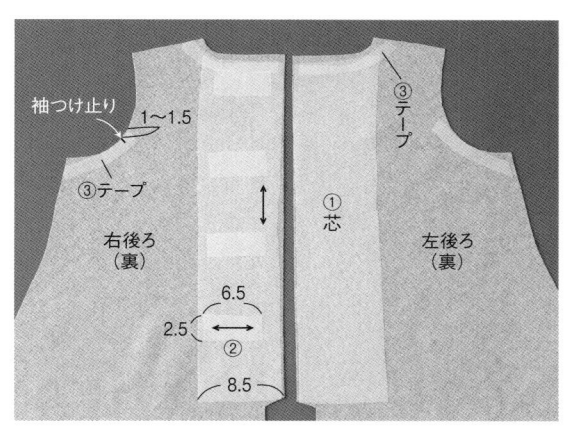

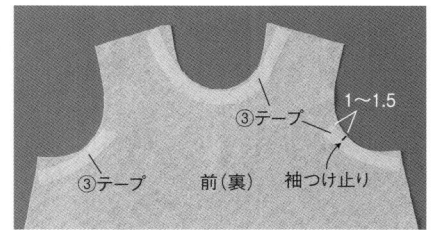

① 後ろあきの裏面に8.5cm幅の接着芯をはる。
② さらに右後ろ身頃のボタン穴の位置には、伸び止めのために接着芯を重ねてはる。
③ 衿ぐり、袖ぐりには伸び止めのために接着テープをはる。

2 袖をつけて後ろ端〜衿ぐりを縫う

1 表袖と裏袖を中表に合わせ、袖口を縫う。

2 袖を表に返してアイロンで整え、つけ側縫い代にとめミシンをかける。

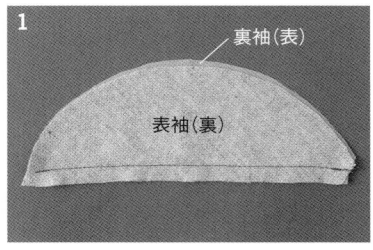

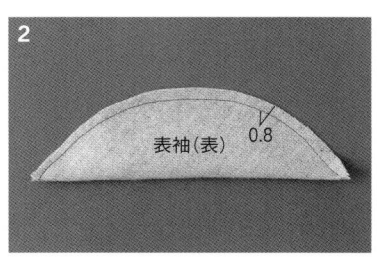

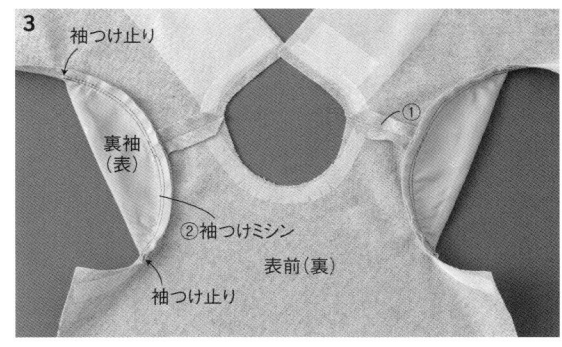

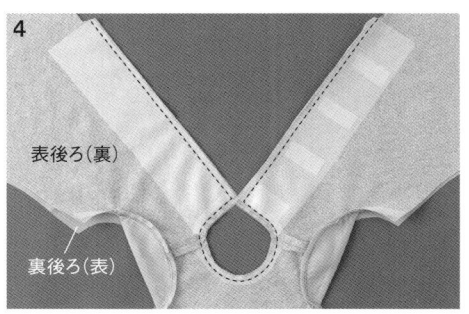

3 ①表布の肩を縫い、縫い代を割る。
②袖ぐりに袖を中表に合わせて、ミシンをかける。

4 裏布の肩を縫い、表身頃と中表に合わせて、後ろ端〜衿ぐりを縫う。衿ぐりの縫い代には切込みを入れる。

5 表に返して後ろ端〜衿ぐりをアイロンで整える。

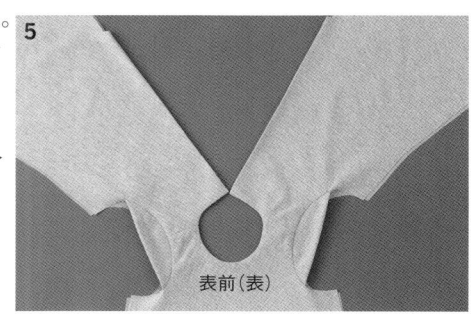

3 後ろあきを作る

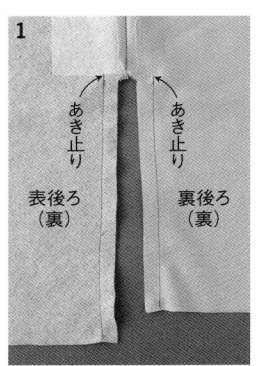

1 表布、裏布それぞれの後ろ中心をあき止りから裾まで縫う。

2 あき止りの縫い代に斜めに切込みを入れる。表布の縫い代は割り、裏布の縫い代は右身頃側に倒しておく。

3 表布と裏布を外表に整え、あき止りから上は右後ろ身頃を上にして持出しを重ねる。持出し下端の縫い代は飛び出した状態になる。

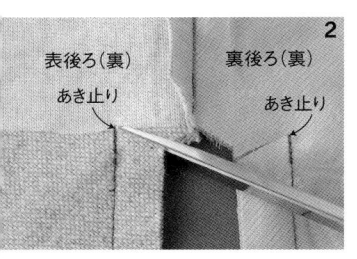

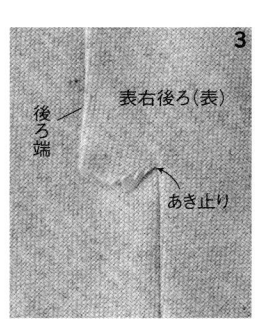

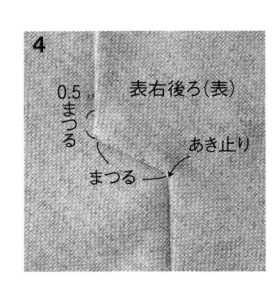

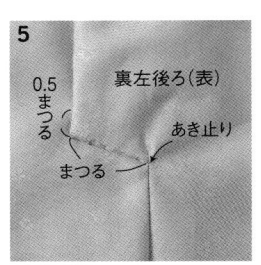

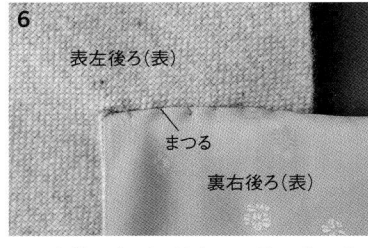

4 右後ろ身頃の持出し下端の縫い代を、斜めに折り込んでまつる。

5 裏側も同様に、左身頃の持出し下端の縫い代を斜めに折り込んでまつる。

6 表側から、右後ろ身頃をめくり、あき止りの内側もまつる。

7 裾から裏右後ろ身頃をめくり、表布と裏布の後ろ中心の縫い代を、あき止りから5〜6cm中とじをする。中とじはミシン糸2本どりで、縫い代どうしをとじる。

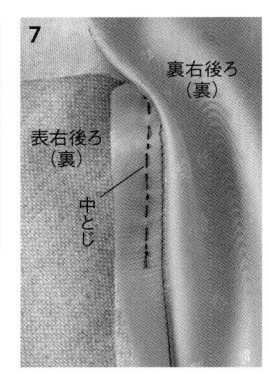

4 脇を縫い、袖ぐりの始末をする

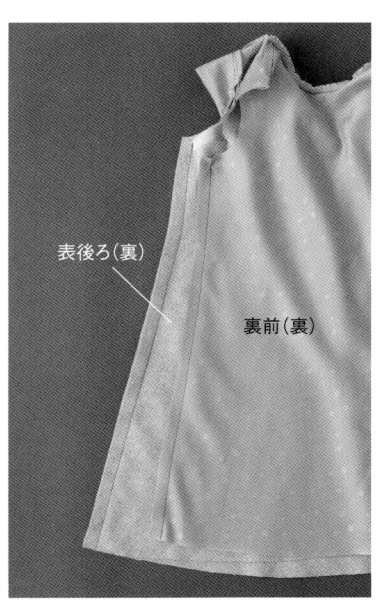

1 表布、裏布ともそれぞれ前後の脇を中表に合わせて縫う。

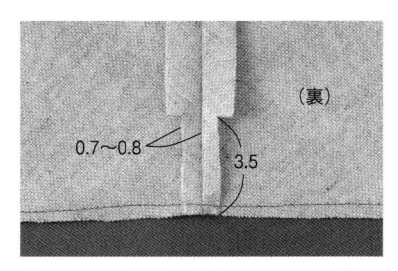

2 表布の脇縫い代をアイロンで割り、裾は折り代部分を細くカットする。後ろ中心の裾も同様にカットし、裾の裁ち端に捨てミシンをかける。裏布の脇縫い代は前側に倒しておく。

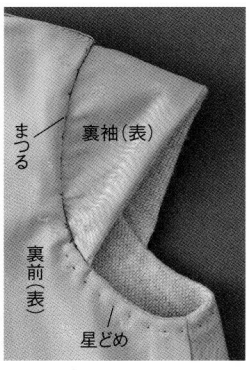

3 袖つけ止りから下の袖ぐりを中表に合わせて縫い、表に返して整える。袖つけ止りから上は、裏布の縫い代を折り込んでまつり、袖ぐりの部分には星どめをする。衿ぐりにも星どめをしておく(→p.44)。

5 裏布の裾にフリルをつけて仕上げる

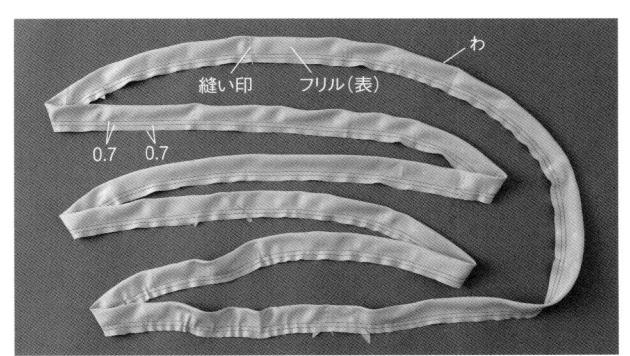

1 バイアス布を必要な長さ（裾回り寸法の2.7倍）にはぎ合わせ（→p.74）、さらに両端を縫い合わせて輪にする。次に外表に半分に折り、全体を4等分してしつけ糸で縫い印をつけ、布端側に針目を粗くしたミシンを2本かける。粗ミシンはぐるっと1周続けてかけるのではなく、半分に分けてかける。

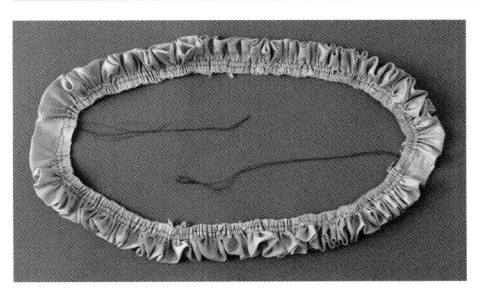

縫い印　フリル（表）　わ
0.7　0.7

2 粗ミシンの糸を引いてギャザーを寄せる。つけ寸法よりも短く縮め、縫い代をアイロンでよく押さえる。

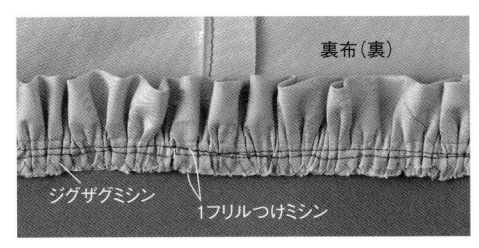

裏布（裏）
ジグザグミシン　1フリルつけミシン

3 裏布の裾の裏面にフリルを重ねる。フリルの合い印を前後中心と脇縫い目に合わせ、ギャザーを均等にして1cmの縫い代で縫う。縫い代はジグザグミシンで始末する。

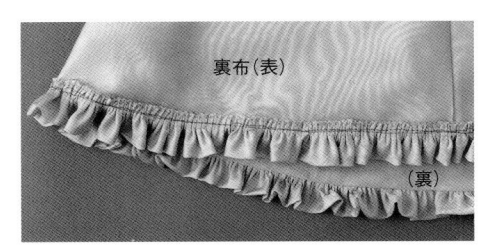

裏布（表）
（裏）

4 フリルの出来上り線より、内側にかかっている粗ミシンを抜き、フリルを下側に倒してアイロンで整える。

表前（裏）　脇　裏前（裏）
糸ループ

5 表布の裾を折り上げて奥をまつる（→p.49）。脇、前後中心の裾は、2cmぐらいの糸ループで、表布と裏布を浮かせてとめる。（→p.46）

6 後ろあきにボタンホールを作り（→p.79）、くるみボタンを作ってつける。位置はパターンにしるしてある上下のボタン位置間を3等分して決める。

完成

D-2 写真 p.27
裾からフリルののぞくAラインのドレス

パターン（D-2）
後ろ身頃　前身頃

裁ち方のポイント
表布と裏布の身頃は、バイアスに粗裁ちをし、一晩ハンガーにかけてつるした後、きちんと縫い代をつけて裁ち直す。（→p.70）
表布と大きいサイズの裏布の裁合せ図は70ページを参考に（裏布の衿ぐり、袖ぐりの縫い代は1.5cm、肩は2cm、フリル幅は10cm）。

作り方
後ろあきに接着芯、衿ぐり、袖ぐりには接着テープをはる。（→p.71）
1　表身頃、裏身頃とも肩を縫う。裏布は出来上りの0.3cm外側を縫う（→図）。縫い代はそれぞれ割る。
2　衿ぐり〜後ろ端、袖ぐりを縫う。まず表、裏身頃を中表に重ね、衿ぐり、袖ぐりとも表布と裏布の布端を合わせ、1cmの縫い代で縫う（→図）。表、裏身頃の間から後ろ身頃を引き出して表に返し、アイロンで整える。
3　後ろ中心を縫い、あきを作る。（→p.72）
4　表布と裏布の脇を続けて縫う。表布は縫い代を割り、裾の裁ち端に捨てミシンをかけておく。裏布の縫い代は前側に倒す。
5　衿ぐり、袖ぐりは、裏布が少し見えるように整え、星どめでとめる。→図
6　フリルをはぎ合わせてギャザーを寄せ、裏布の裾につける。（→p.73）
7　表布の裾を折り上げてまつり、糸ループをつける。（→p.73）
8　ボタンホールを作り（→p.79）、くるみボタンを作ってつける。

材料

材料（幅）＼サイズ	100	110	120	130	140	150	160
表布(152)	130	140		160	170	190	210
裏布(90)	200	220		250		330	
接着芯(90)			40		45		50
接着テープ(1.5)適宜、くるみボタン直径2.8cm4個							

*単位はcm

作り方順序

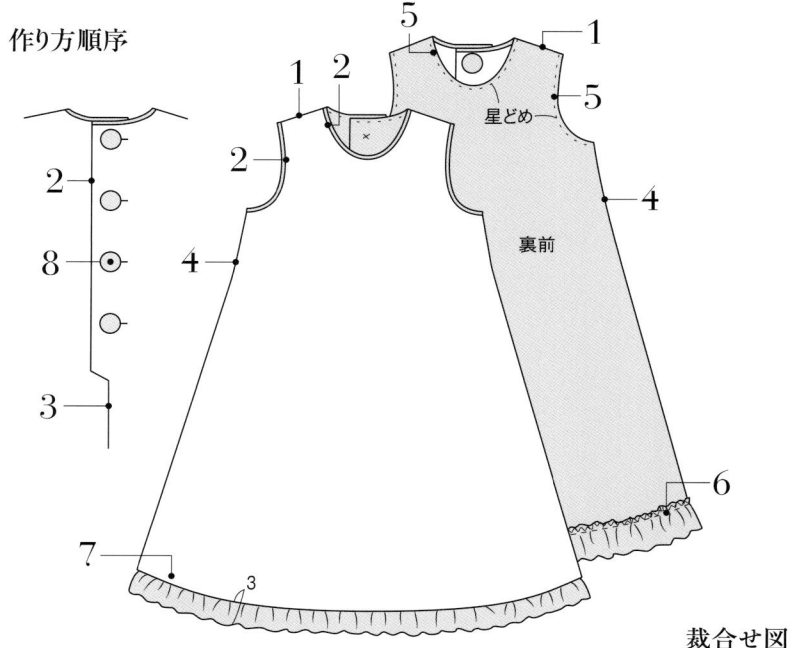

1の縫い方

2の縫い方

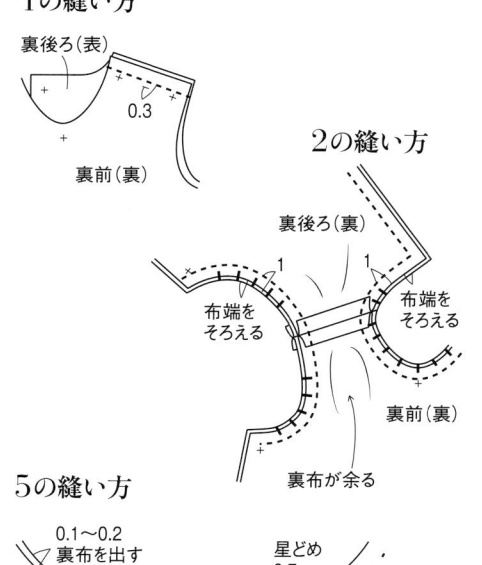

5の縫い方

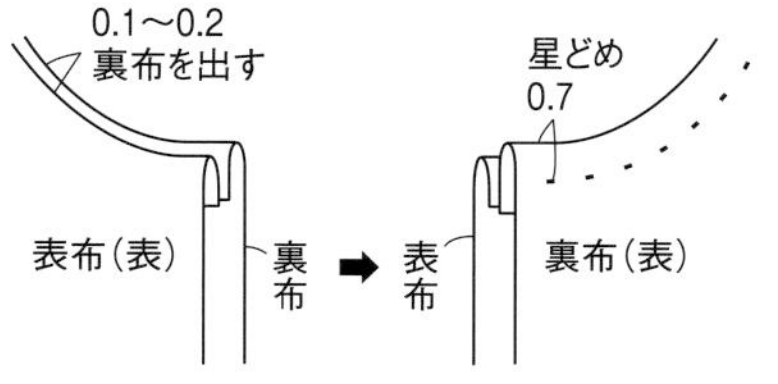

バイアス布のはぎ方

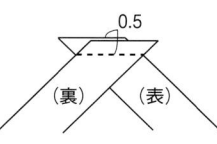

裁合せ図

裏布　100〜140cm用

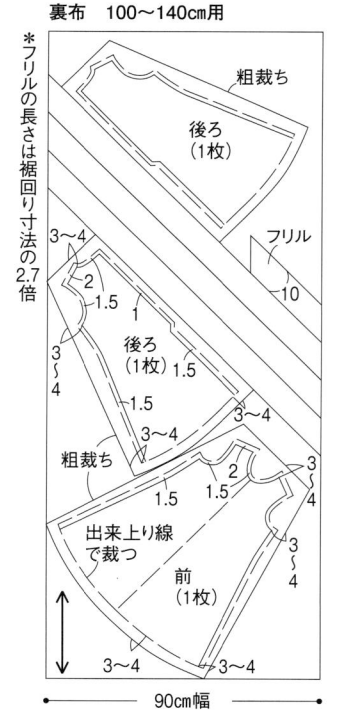

90cm幅

*フリルの長さは裾回り寸法の2.7倍

D-3 写真 p.18
パールビーズを刺繍したAラインのドレス

パターン（D-3）
後ろ身頃　前身頃

裁ち方のポイント
表布の身頃は、バイアスに粗裁ちをし、一晩ハンガーにかけてつるした後、きちんと縫い代をつけて裁ち直す。（→p.70）
裏布と見返しは縦地で裁つが、サイズ160cmの裏前身頃は、90cm幅では入らないので、裁合せ図のように、布幅に合わせて脇で裾を少し狭くして裁つ。

作り方
1　前後それぞれ見返しと裏布を中表に合わせて縫う。
2　身頃、見返しとも肩を縫う。縫い代はそれぞれ割る。
3　衿ぐり、袖ぐりを縫う。このとき、後ろ衿ぐりは4〜5cm残して縫い、表に返す。（→p.51）
4　表布の後ろ中心をあき止りまで縫い、コンシールファスナーをつける。次に3で縫い残した後ろ衿ぐりを縫って整える。（→p.53）
5　前身頃に、いちばん外側のパールビーズつけ位置を縫い印でしるし、好みの部分にパールビーズをとめつける。縫い印はそのまま残しておく。
6　表布、裏布の脇を続けて縫う。
7　裏布の後ろ中心を縫い、ファスナーあきの部分はまつる。
8　裏布の裾を三つ折りにしてミシンで縫う。（→p.53）
9　表布の裾を折り上げてまつる。（→p.49）
10　衿ぐりの右半分に大きめのパールビーズをつける。内側の3連の飾りは、糸にパールビーズを通し、全体のバランスを見て長さを決める。糸端を左右の肩にとめ、ビーズはふらせておく。さらに左肩には糸の長さの2/3ぐらいにパールビーズを通したものをとめる。
11　ホックと糸ループをつける。（→p.69）

材料

材料（幅）	サイズ	100	110	120	130	140	150	160
表布(153)		130	150	160	170	200	240	
裏布(90)		120	130	160	170	190	210	
接着芯(90)		25				30		

接着テープ(1.5)適宜、コンシールファスナー56cm1本、ホック1個、パールビーズ直径0.3〜0.8cm各適宜

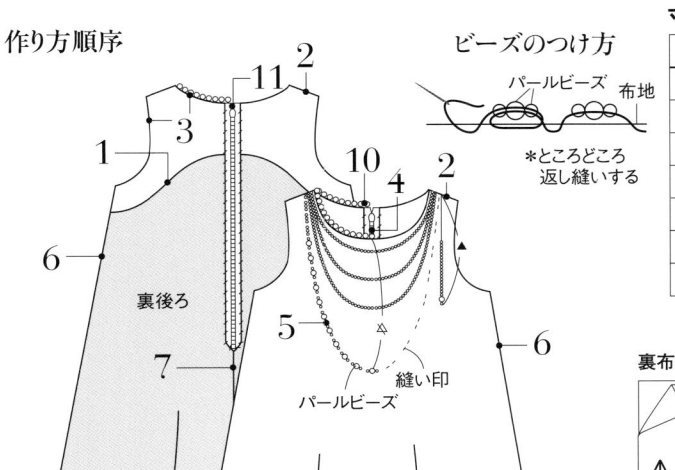

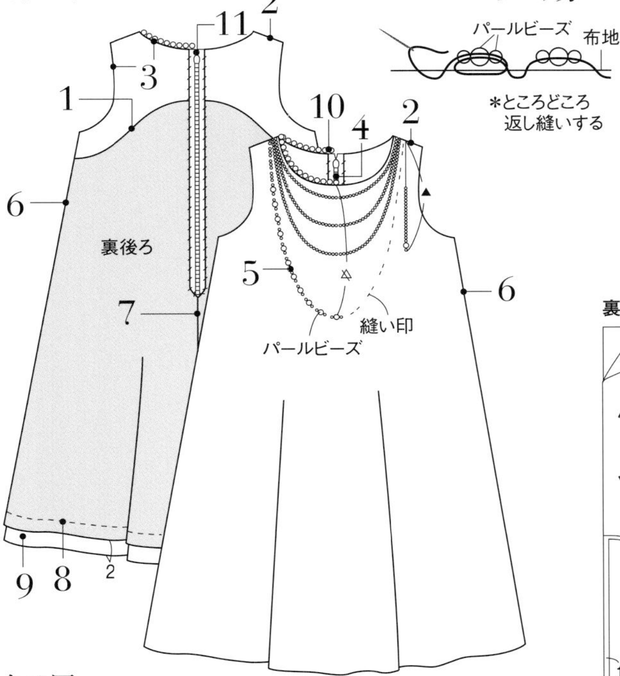

*単位はcm

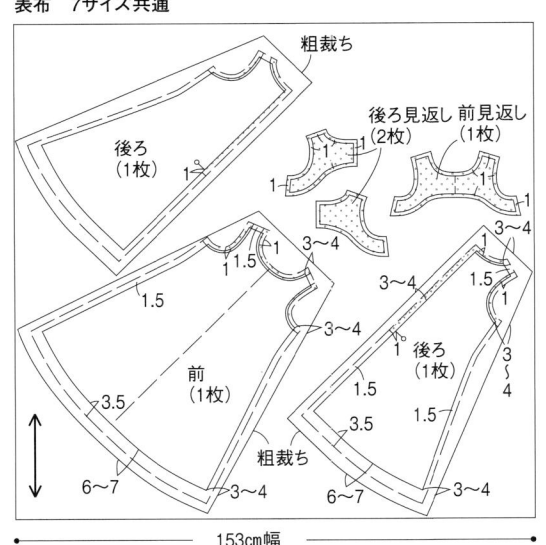

寸法表

サイズ	△	▲
100	16	13
110	17	14
120	18.5	15
130	20	16.5
140	21.5	18
150	23	19
160	25	21

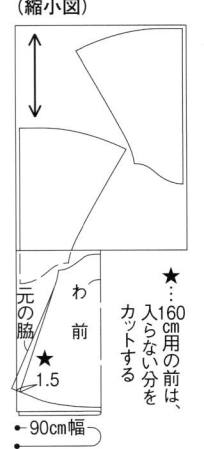

*単位はcm

D-4 写真p.8
ボーのあるAラインのドレス

材料

材料（幅）	サイズ	100	110	120	130	140	150	160
表布（96）		120	140	160	170	190	200	220
別布（96）		90			110		130	
裏布（90）		120	130			160	200	
接着芯（90）		20			30			

接着テープ（1.5）適宜、コンシールファスナー56cm1本、ホック1個

*単位はcm

パターン（D-4）
後ろ身頃　前身頃
*前後身頃とも裾のラインを図示した寸法で移動する。
リボンは製図の寸法でパターンを作る。

裁ち方のポイント
表布と裏布の身頃は、バイアスに粗裁ちをし、一晩ハンガーにかけてつるした後、きちんと縫い代をつけて裁ち直す。（→p.70）

作り方
1　表布の肩を縫う。
2　前後それぞれ裏布と袖ぐり見返しを中表に合わせて縫い、肩を縫う。
3　表、裏身頃を中表に合わせ、袖ぐりを縫って表に返す。
4　表布の後ろ中心をあき止まりまで縫い、コンシールファスナーをつける（→p.53）。裏布の後ろ中心も縫っておく。
5　裏布をよけて、表布の衿ぐりだけを別布の縁とり布でくるむ。→図
6　裏布の衿ぐり、ファスナーあきの縫い代を折ってまつる。→図
7　表布と裏布の脇を続けて縫う。
8　別布で裁った裾布の脇を縫い、裏身頃の裾につける。このとき、裏身頃の裏面に裾布の表面を合わせて縫う。
9　表布、裾布それぞれの裾裁ち端にジグザグミシンをかけ、折り上げてまつる。（→p.49）
10　リボンを作り、衿ぐりの後ろ中心に縫いとめる。リボンの裏側にホックと糸ループをつける（→p.69）。

作り方順序

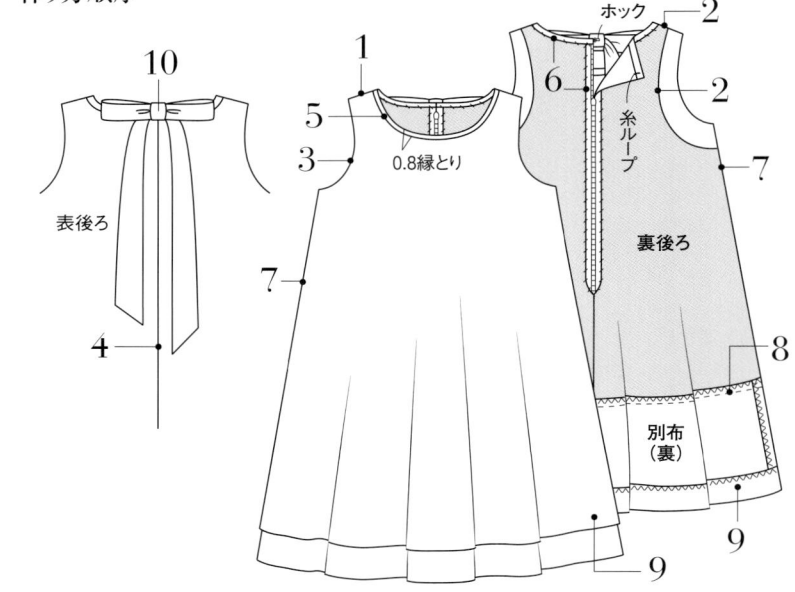

リボンの製図

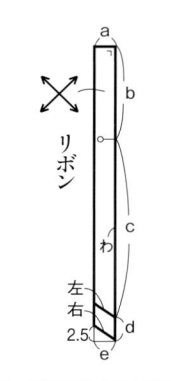

裾線の決め方

寸法表

サイズ	100	110	120	130	140	150	160
a		2.8			3		3.2
b	14	15	16	17	18	20	21
c	25	27	30	32	34	36	39
d		4			5		6
e		3.3			3.5		3.7

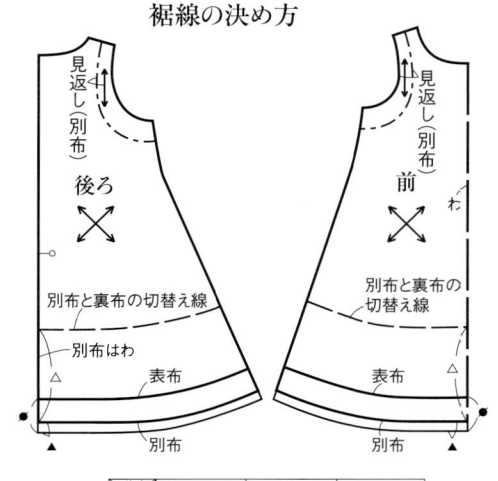

寸法表

サイズ	100〜120	130・140	150・160
●	5.5	6.5	7.5
▲	1.5	2	2.5
△	16	18	20

*単位はcm

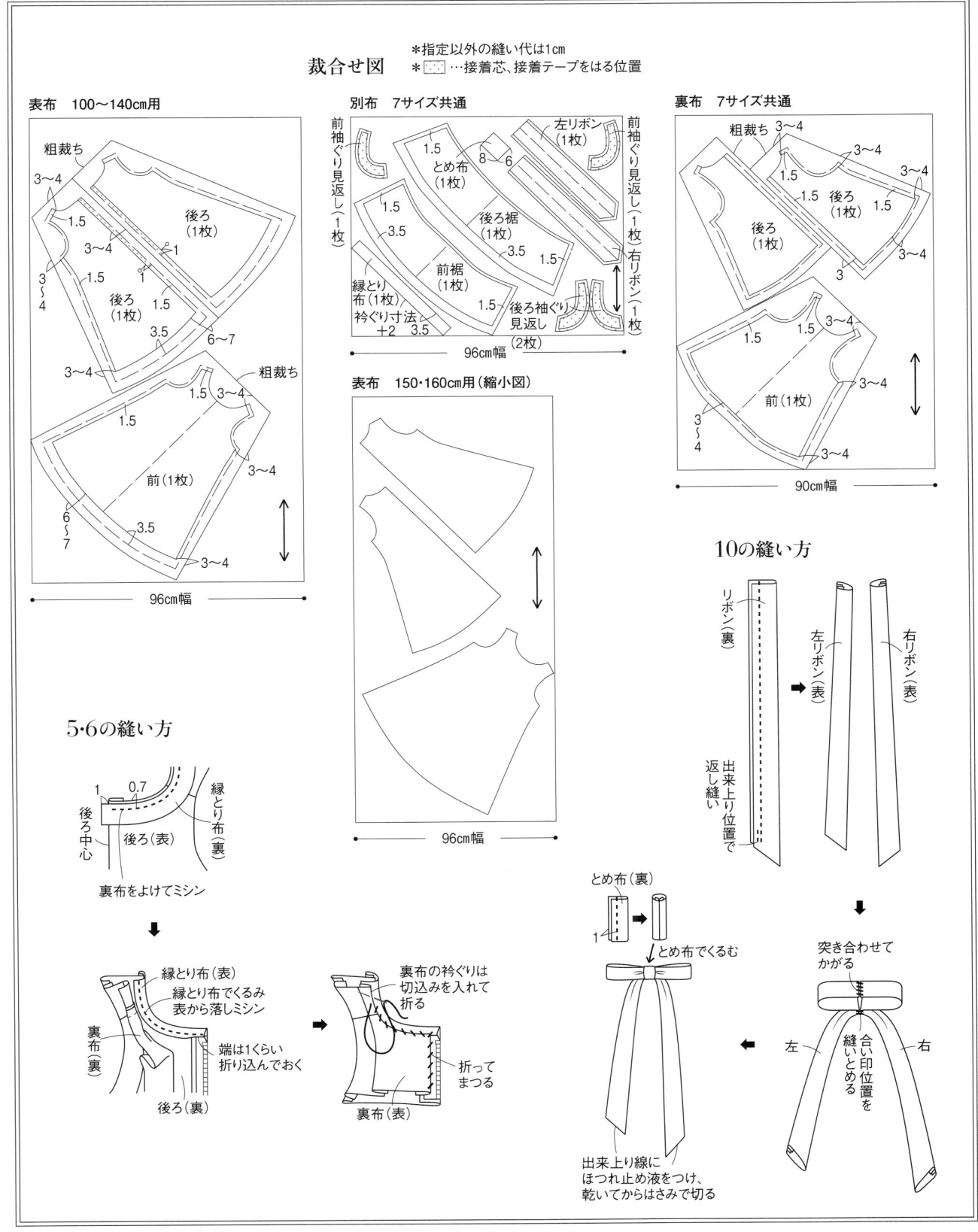

裁合せ図

*指定以外の縫い代は1cm
* ▦ …接着芯、接着テープをはる位置

表布 100～140cm用

- 粗裁ち
- 3～4
- 1.5
- 後ろ(1枚)
- 3～4
- 1.5
- 1
- 後ろ(1枚)
- 3～4
- 1.5
- 3.5
- 6～7
- 3～4
- 粗裁ち
- 1.5
- 3～4
- 1.5
- 前(1枚)
- 3～4
- 6～7
- 3.5
- 3～4
- 96cm幅

別布 7サイズ共通

- 前袖ぐり見返し(1枚)
- 左リボン(1枚)
- 1.5
- 8 6
- とめ布(1枚)
- 1.5
- 後ろ裾(1枚)
- 3.5
- 前袖ぐり見返し(1枚)
- 右リボン(1枚)
- 1.5
- 前裾(1枚)
- 縁とり布(1枚)
- 衿ぐり寸法 +2
- 3.5
- 1.5
- 後ろ袖ぐり見返し(1枚)
- 96cm幅(2枚)

表布 150・160cm用(縮小図)

96cm幅

裏布 7サイズ共通

- 粗裁ち
- 3～4
- 1.5
- 3～4
- 後ろ(1枚)
- 1.5
- 3～4
- 1.5
- 3～4
- 1.5
- 3～4
- 前(1枚)
- 3～4
- 90cm幅

5・6の縫い方

- 1 0.7
- 縁とり布(裏)
- 後ろ中心
- 後ろ(表)
- 裏布をよけてミシン
- 縁とり布(表)
- 縁とり布でくるみ表から落しミシン
- 裏布(裏)
- 端は1くらい折り込んでおく
- 後ろ(裏)
- 裏布の衿ぐりは切込みを入れて折る
- 折ってまつる
- 裏布(表)

10の縫い方

- リボン(裏)
- 左リボン(表)
- 右リボン(表)
- 出来上り位置で返し縫い
- とめ布(裏)
- 1
- とめ布でくるむ
- 突き合わせてかがる
- 左 右
- 合い印位置を縫いとめる
- 出来上り線にほつれ止め液をつけ、乾いてからはさみで切る

D-5 写真 p.32
レースとサテンをかさねたAラインのドレス

パターン（D-5）
後ろ身頃　前身頃
＊上の身頃になるチュールレースは実物大パターンをそのまま使い、土台になる表布はパターンを図のように脇で裾幅を狭くし、丈も短くする。

裁ち方のポイント
チュールレースはビーズとスパングルを縫いとめてあるタイプなので、裁つときは、布を二つ折りにしないで、広げて1枚ずつ裁つ。
チュールレースで裁断する身頃の裾は、レースの柄に合わせてスカラップ風にカットし、裁切りのまま使用する。

作り方
裁断をしたチュールレースの身頃は、縫い合わせるときにビーズ、スパングルがじゃまになるため、ミシンをかける位置周辺のビーズ、スパングルをはずしておく。→図

1　前身頃、後ろ身頃とも表布の上にチュールレースを重ね、袖ぐり、肩、衿ぐりの縫い代にミシンをかける。→図
2　前身頃にリボン通し穴を作る。→図
3　表布の後ろ中心を縫い、表布だけにコンシールファスナーをつける。（→p.53）
4　2枚を一緒に肩を縫う。
5　衿ぐりを縁とり布でくるむ。
6　表布の脇を縫う。
7　表布の裾をジグザグミシンで始末し、折り上げてまつる。（→p.49）
8　チュールレースの脇を縫う。
9　チュールレースの後ろ中心をあき止りから裾まで縫う。あきの部分は縫い代を出来上りに折ってまつる。
10　袖ぐりを縁とり布でくるむ。
11　チュールレースの縫い目と裾にそって、最初にはずしたビーズをとめつける。裾にビーズをつけると、重みで落着きがよくなる。
12　ホック、糸ループをつける。（→p.69）

材料（幅）	サイズ	100	110	120	130	140	150	160
表布(112)		110	120	130	140	140	170	190
チュールレース(100)		160	170	180	190	220	250	280
サテンリボン(3.7)			160			180		200

接着テープ(1.5)適宜、コンシールファスナー56cm1本、ホック1個
＊単位はcm

作り方順序

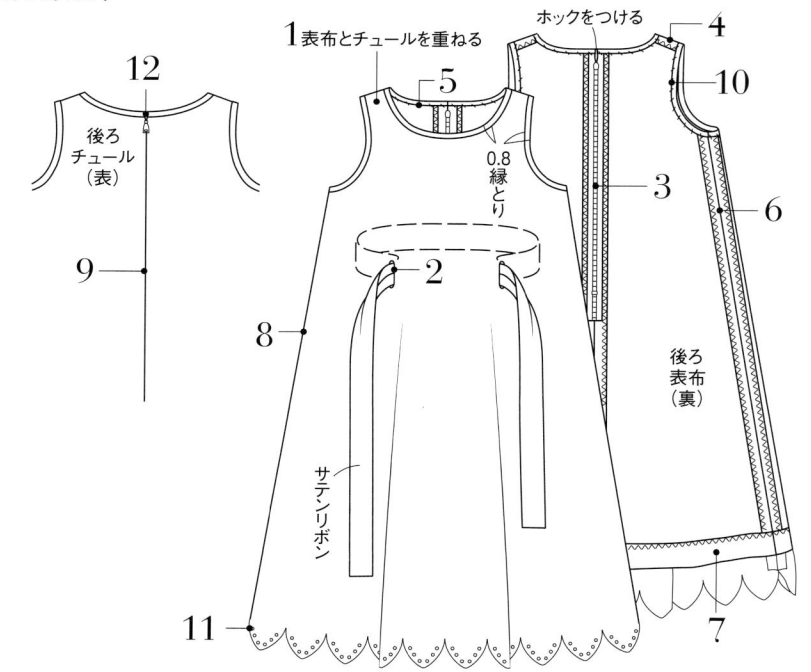

ビーズ、スパングルをはずす位置

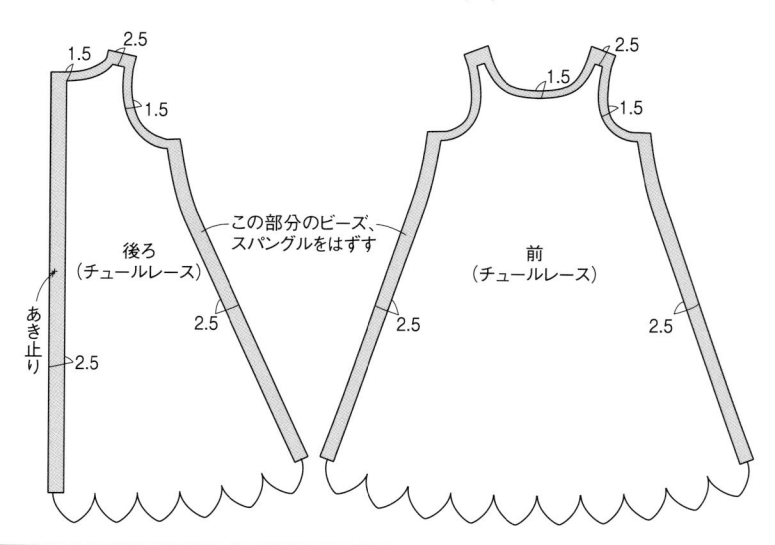

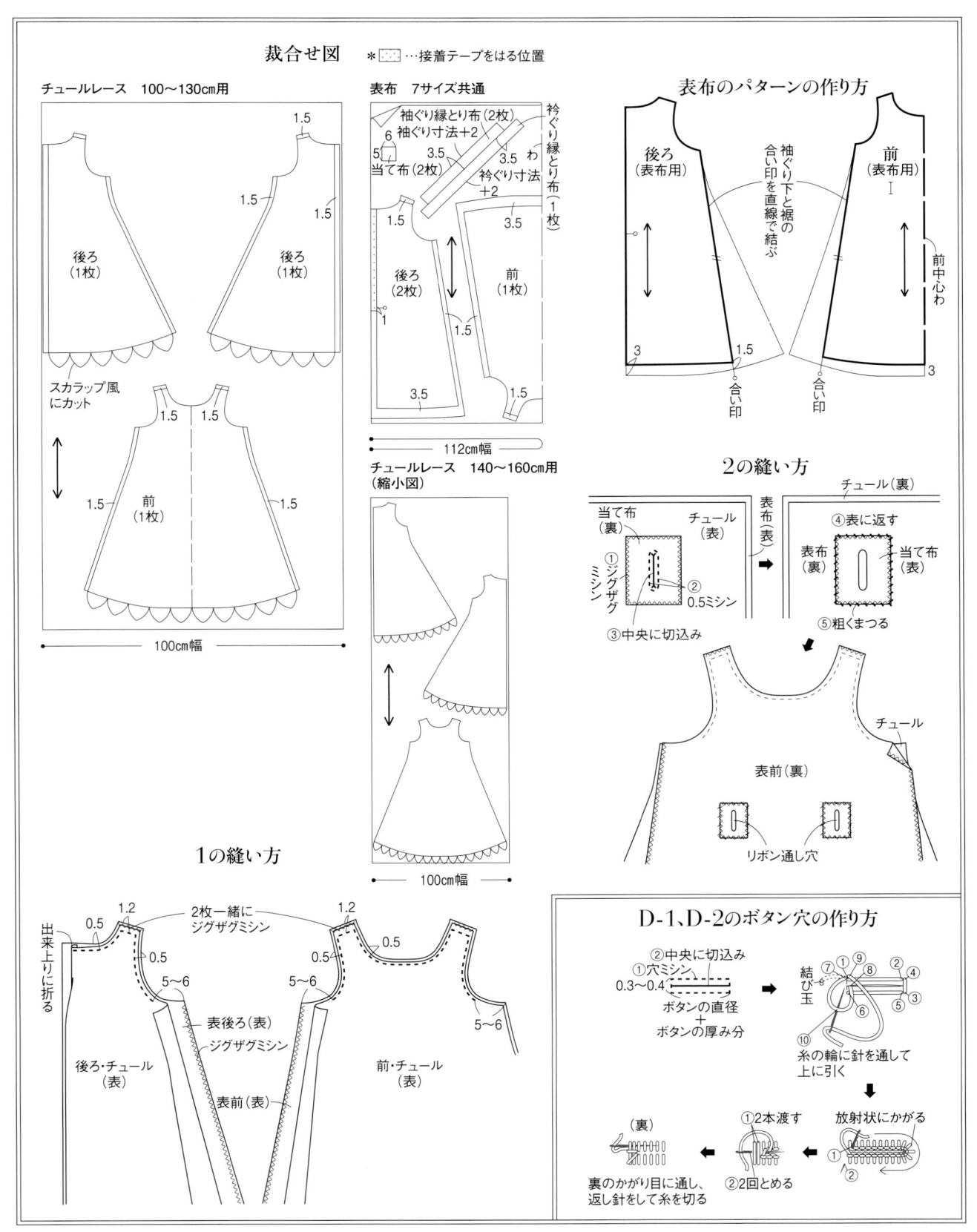

裁合せ図

* ░░ …接着テープをはる位置

チュールレース 100～130cm用

- 後ろ (1枚) 1.5
- 後ろ (1枚) 1.5
- スカラップ風にカット
- 前 (1枚) 1.5
- 100cm幅

表布 7サイズ共通

- 袖ぐり縁とり布(2枚) 袖ぐり寸法+2
- 当て布(2枚)
- 衿ぐり縁とり布(1枚) 衿ぐり寸法+2
- 後ろ(2枚) 3.5
- 前(1枚) 3.5
- 112cm幅

チュールレース 140～160cm用（縮小図）

- 100cm幅

表布のパターンの作り方

袖ぐり下と裾の合い印を直線で結ぶ

- 後ろ(表布用)
- 前(表布用) 前中心わ
- 合い印 3 / 1.5 / 3

2の縫い方

①ジグザグミシン
②0.5ミシン
③中央に切込み
④表に返す
⑤粗くまつる

- 当て布(裏)
- チュール(表)
- 表布(表)
- 表布(裏)
- 当て布(表)
- 表前(裏)
- チュール
- リボン通し穴

1の縫い方

- 出来上りに折る
- 2枚一緒にジグザグミシン
- 0.5 / 1.2 / 0.5
- 5～6
- 後ろ・チュール(表)
- 表後ろ(表)
- ジグザグミシン
- 表前(表)
- 前・チュール(表)

D-1、D-2のボタン穴の作り方

①穴ミシン 0.3～0.4
ボタンの直径+ボタンの厚み分
②中央に切込み

結び玉
糸の輪に針を通して上に引く

放射状にかがる

①2本渡す
②2回とめる

(裏) 裏のかがり目に通し、返し針をして糸を切る

パニエ

パターン
土台のスカートにサイズ100～120cmは2段のフリルを、サイズ130～160cmは3段のフリルをつけて作る。
スカートの土台は製図に示した寸法でパターンを作る。

裁ち方のポイント
フリルは寸法表に示したフリル幅に縫い代（上段と中段は上下で2cm、下段は1cm）を加えた幅で、直接チュールをカットする。

作り方
1 各段のフリルを輪に縫い、全体を8等分してしつけ糸などで合い印をつける。上段、中段は上下に、下段は上側だけに合い印をつける。
2 各段のフリルの上側に粗い針目でギャザーミシンを2本かける。ギャザーを寄せ、合い印を合わせて2段または3段を縫い合わせる。
3 前後土台スカートの脇を縫う。縫い代は2枚一緒にジグザグミシンで始末する。
4 ウエストと裾の折り代をそれぞれ三つ折りにしてステッチで縫う。ウエストは1cm幅のステッチを2本かけるが、ゴムテープ通し口として、前中心を2cmぐらい縫い残しておく。
5 スカートのフリルつけ位置に、2の上段のフリルを中表に合わせ、合い印を合わせて縫う。
6 ウエストのステッチの間にゴムテープを通す。ゴムテープの長さはウエスト寸法より少しきつめを目安に加減する。前中心に目印のリボンをつける。
7 ウエストが定まらない小さいサイズの場合は、ウエストの両脇に糸ループをつけ、ドレスの内側の脇に小さいボタンをつけて、パニエをとめられるようにすると、ずり落ちにくい。

材料

材料(幅)	サイズ	100	110	120	130	140	150	160
表布(90)		90	100	110	120	130	140	150
チュール(180)		70	90		160		190	

ゴムテープ(0.7)適宜、必要に応じて直径1cmぐらいのボタン2個、リボン適宜

*単位はcm

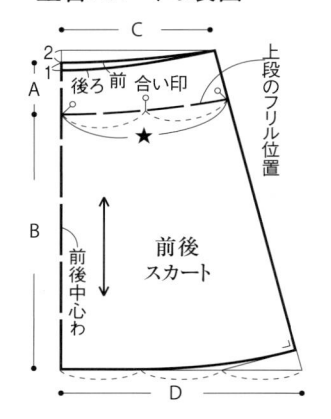

寸法表

	サイズ	100	110	120	130	140	150	160
丈	A	6	7	7	9	9	11	11
	B	26	30	35	39	42	45	49
幅	C	19	19	20	21	22	23	24
	D	30	30	32	34	36	38	40
フリル幅	上段	12	14	16	11	13	14	15
	中段				13	15	16	17
	下段	17	19	22	17	18	19	20

*単位はcm

土台スカートの製図

裁合せ図
表布　7サイズ共通
チュール　100～120cm用

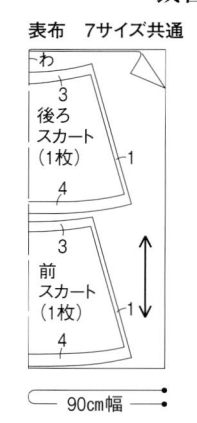

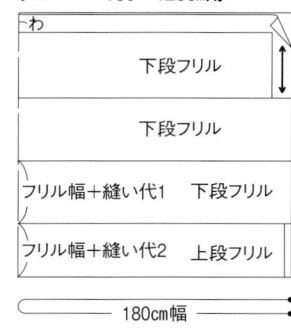

フリルのつけ方
● 100～120cm用（フリル2段）
● 130～160cm用（フリル3段）
ゴムテープを通す

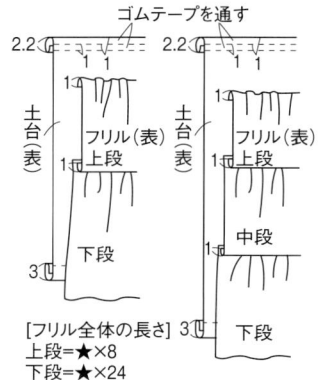

[フリル全体の長さ]
上段＝★×8
下段＝★×24

[フリル全体の長さ]
上段＝★×8
中段＝★×16
下段＝★×32

作り方順序
● 100～120cm用
● 130～160cm用

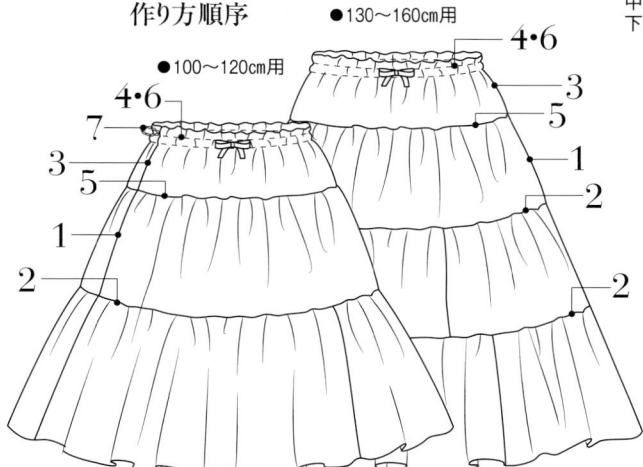

かわいきみ子

1953年、北海道生れ。旭川西高校、文化服装学院デザイン科卒業後、既製服メーカー勤務。セツ・モードセミナー夜間部入学。25歳で独立後、本や雑誌、テレビで洋裁、編み物、手芸の作品を発表。二人の女の子の子育ては、ようやく卒業。

アートディレクション	白石良一
レイアウト	生島もと子（白石デザイン・オフィス）
撮影	松本康男（p.1〜38）
	藤本 毅（B.P.B.）（p.40、42〜46、51〜54、61〜64、71〜73）
ヘア＆メークアップ	森川丈二（gem）（p.5、10〜17、26〜33、38）
	浩平（HEADS）（p.6〜9、18〜25、34〜37）
フラワーコーディネート	川田弥生（GROVE'S）
技術編集	百目鬼尚子
パターンデータ作成	上野和博
編集	二宮信乃

Information

アライ	tel.03-3891-8366
伊勢丹新宿店	tel.03-3352-1111
エレガンス	tel.03-3891-8998
オカダヤ新宿本店	tel.03-3352-5411
カワムラ	tel.03-3542-5133
GROVE'S	tel.03-5938-7773
日本フィスバ	tel.03-5322-6593
MOKUBA	tel.03-3864-1408

撮影協力
国立楽器	tel.042-573-1111
キャメロットヒルズ	tel.048-661-6222

発表会のための姉妹の服

発　行	2009年6月8日　第1刷
	2019年11月19日　第7刷
著　者	かわいきみ子
発行者	濱田勝宏
発行所	学校法人文化学園　文化出版局
	〒151-8524　東京都渋谷区代々木3-22-1
	tel.03-3299-2401（編集）
	tel.03-3299-2540（営業）
印刷・製本所	株式会社文化カラー印刷

©Kimiko Kawai 2009　Printed in Japan
本書の写真、カット及び内容の無断転載を禁じます。

・本書のコピー、スキャン、デジタル化等の無断複製は著作権法上での例外を除き、禁じられています。本書を代行業者等の第三者に依頼してスキャンやデジタル化することは、たとえ個人や家庭内での利用でも著作権法違反になります。
・本書で紹介した作品の全部または一部を商品化、複製頒布、及びコンクールなどの応募作品として出品することは禁じられています。
・撮影状況や印刷により、作品の色は実物と多少異なる場合があります。ご了承ください。

文化出版局のホームページ http://books.bunka.ac.jp/